NATHANYA SION

L'enfant oubliée

TÉMOIGNAGE

QUAND LA FAMILLE DÉTRUIT ET QUE LE SYSTÈME ABANDONNE

Hugo Doc

1

ÂME PURE

Encore emmitouflée dans ma couette, je réalise que ce jour marque le début d'une nouvelle vie. Le réveil est brutal. Le décalage horaire me frappe encore, je reviens à peine de Los Angeles. Là-bas, il y a neuf ans, ma vie s'est effondrée. J'avais 15 ans. Ma tutrice m'a foutue dehors sans préavis. Ce jour-là, tout s'est terminé, et pourtant, tout a commencé. En cette année 2024, j'y suis retournée. Avec ceux que j'aime. Je m'y suis même fiancée. Mais pour refermer définitivement ce chapitre, je vais devoir m'y replonger. Affronter l'indicible. Déterrer ce que j'ai passé des années à enfouir.

Je me lève, pieds nus sur le parquet froid. D'un geste mécanique, j'ouvre les immenses fenêtres du salon. L'air automnal s'engouffre. Les rideaux volent. Un frisson parcourt ma peau. Je ferme les yeux, inspire, puis expire lentement. Une tentative d'expulser le poison de mes pensées. Plus de fuite possible. Après avoir traversé l'enfer, il est temps de vivre. De ne plus survivre.

Je prends un instant pour faire le point. Je suis fiancée à un homme qui m'aime et me respecte. J'ai un métier qui me nourrit, des projets en pagaille. Pourtant, le passé continue de me hanter. Il faut que j'avance. Et pour avancer, je dois me retourner, plonger dans ce chaos, recoller les morceaux éparpillés de mon enfance et mon adolescence. Rouvrir les blessures.

Les violences. Les foyers. L'horreur. Tout ça, je vais devoir l'exhumer. Pas pour le plaisir, mais par nécessité. Ce livre, je dois l'écrire. Pour purger mes démons. Pour hurler à la place de ceux qu'on réduit au silence. Pour dénoncer un système qui brise, une machine qui broie des enfants et les jette, cabossés à vie.

Était-ce mon destin ? Aurais-je été différente avec une famille aimante ? Peu importe. Les réponses ne viendront pas. Tout ce que je peux faire, c'est avancer. Travailler à ma guérison. Et m'assurer que d'autres n'endureront pas ce que j'ai subi.

Je commence par mon appartement. Je trie, j'organise, je range. Tout doit être à sa place. Chaque objet, chaque chose. Une obsession ? Peut-être. Si seulement je pouvais ranger mon esprit avec autant de rigueur.

Sur ma grande table, c'est un chaos contrôlé. Des dossiers judiciaires, des rapports de l'Aide sociale à l'enfance, des journaux intimes. Et ces feuilles volantes qui témoignent des coups, des insultes, des abandons. Je sais par où commencer. L'arbre généalogique. Il faut tout mettre à plat. Retrouver la source de cette pourriture familiale.

Un cahier ? Trop petit. Il me faut un chevalet. Une grande toile pour exposer ce réseau de souffrance, branche après branche. Je quitte l'appartement, déterminée. Direction un magasin au nord de Paris. Pas de détour, pas de distraction. Je prends ce que je suis venue chercher et file.

Sur la route, mes pensées vagabondent. Je me perds. Littéralement. Je finis à Aubervilliers. Les grands entrepôts gris me rappellent quelque chose. Et soudain, ça me frappe. Ce parking.

C'est ici. Ce parking m'a volé mon âme. Il m'a détruite. Lui, ce monstre. J'ai 17 ans à nouveau. Je sens ses mains, ses coups, son souffle immonde. Je m'agrippe à la portière de ma voiture, mes doigts blanchis par la tension. Je veux vomir. Je dois partir. Mais une voix intérieure s'impose :

« Nathanya, affronte. Maintenant. »

Je redémarre, le cœur battant. Le GPS me conduit à Sarcelles. Un autre lieu de cauchemar. En approchant, je remarque un panneau indiquant que la ville est jumelée avec Netanya, en Israël. Encore un signe.

Je roule lentement, presque au ralenti. Les souvenirs montent, brutaux, incontrôlables. L'arrêt de bus Camille Saint-Saëns. Repeint, rajeuni, presque chaleureux. Mais pour moi, il reste ce lieu de solitude où j'ai pleuré, brisée, après ma première agression.

Je continue. Son immeuble apparaît. L'air me manque. Mais je descends. Je ne peux plus reculer. Je colle mon visage à la porte vitrée. Tout revient, clair, précis, insupportable. Le hall, les escaliers. Ce square, en face. Les jeux pour enfants. Là où je me cachais, là où je dormais. Aujourd'hui, des rires d'enfants remplissent l'air. Ironie mordante.

Il faut que je parte. Tout de suite.

Je rentre chez moi en silence, abasourdie. Une fois à l'intérieur, je me change, enfile une tenue confortable. Un confort indispensable. J'en ai besoin pour la suite.

J'installe le chevalet et commence à tracer les branches de cet arbre. Les noms s'égrènent, lourds de sens. Oncles, tantes, cousins, frères, sœurs. Une absence béante : mon père. L'inconnu. Je m'arrête. Recule. Observe.

Il manque quelque chose. Les visages. Je fouille une boîte à chaussures, trop grande pour le peu de photos qu'elle contient. Et là, je la vois. Maman. Belle, radieuse, avec ses cheveux noirs et ses yeux noisette. Un sourire capable d'être envié par la plus belle des fleurs.

Elle n'a pas survécu à son cauchemar. Mais moi, je briserai le cycle. Je ne porterai plus cette honte qui n'est pas la mienne. Je ne suis pas coupable de ce que j'ai subi, mais je suis responsable de ce que j'en fais.

Je serai cette voix. Pure, implacable. Une âme qui répare ses blessures et crie pour ceux qui ne peuvent pas.

2

MAMAN

« Maman. » Un mot doux qui déchire mon cœur autant qu'il reste coincé dans ma gorge. Ce mot, je ne l'ai jamais vraiment vécu. Jamais osé le prononcer. Ma mère est partie. Pas à cause d'une maladie, pas dans un accident. Par choix. Elle a mis fin à ses jours.

Elle est morte seule, dans un appartement minable de la rue de Lagny. Deux ans plus tôt, elle avait déjà tenté d'en finir en se jetant par la fenêtre. Résultat : dents brisées, côtes explosées, cheveux collés au sang, mâchoire en morceaux. Elle avait survécu, mais son esprit, lui, n'était déjà plus là. Deux ans plus tard, je naissais. Ironie cruelle.

Le poids des origines

Son histoire commence bien avant. Sonia, ma mère, venait d'une famille juive tunisienne débarquée à Belleville avec rien. Une fratrie de neuf, coincée dans un deux-pièces insalubre. Toilettes sur le palier, violence en fond sonore, et comme horizon : la débrouille ou la délinquance. Ses frères ont choisi les braquages, les combines, et inévitablement la prison. Sonia a grandi dans ce chaos.

Mais elle, elle rêvait d'autre chose. Dalida dans les oreilles, Céline Dion dans le cœur. Belle, vive, elle croyait à l'amour, au destin, aux échappatoires. À 17 ans, elle rencontre Franco, un Italien charismatique, de vingt ans son aîné. Un homme à la voix grave, au regard lourd, qui la voulait tout entière. Franco, c'était sa chance de fuir.

Au début, tout semblait parfait. Ils étaient beaux, presque enviables. Franco avait quitté l'univers du showbiz, où il prétendait avoir côtoyé Johnny Hallyday. Ensemble, ils ont ouvert une boutique de pralines, puis un traiteur qui cartonnait. Sonia brillait. Deux enfants sont nés : Samantha et Jonathan. Une vie presque dorée. Mais chez nous, le bonheur est toujours provisoire.

Le détonateur

Tout a explosé le jour où Albert, l'aîné des frères de ma mère, a jeté son venin : Franco, avant leur mariage, aurait fréquenté des prostituées – avec Albert comme complice. Une confession tardive, toxique. Pourquoi ce soudain besoin de parler ? Jalousie, vengeance, cruauté ? Chez nous, on sabote ceux qui réussissent.

Cette révélation a brisé ma mère. Doute, honte, trahison. Franco, loin de la rassurer, l'a ignorée. Froideur, distance, et avarice comme seule réponse. Il continuait son chemin pendant qu'elle sombrait. Sonia, dévastée, a commencé à s'automutiler. Des lames, des poignets ouverts. Parfois devant ses enfants. Parfois dans un silence glacé. Pourquoi personne n'a rien fait ?

Une fuite sans fin

Pourtant, Sonia s'est accrochée. Une tentative d'évasion, une bribe d'espoir. Elle a eu un troisième enfant, Samuel, avec un homme de passage, un Allemand. Il les a abandonnées, elle et l'enfant. Étonnamment, Franco a accepté de l'élever. Une sorte de résignation calculée. Une quinzaine d'internements en psychiatrie plus tard, elle trouvait encore la force de tenir. Elle était une amoureuse de l'amour. Et malgré l'instabilité affective dans laquelle elle s'enfonçait chaque jour un peu plus, elle voulait toujours y croire.

C'est dans ce contexte que je suis arrivée. Moi, Nathanya Sion, fille de Sonia Sion et de père inconnu. Mais ma naissance n'a rien changé. Elle était trop abîmée. Moi, je n'étais qu'un détail dans un paysage ravagé. Elle m'aimait, je crois, mais son monde me détestait. Je devais être le bébé de la réparation, mais même quand elle était enceinte de moi, elle a dû être internée après une nouvelle crise de mal-être. Elle avait essayé de me retirer de son ventre. Aujourd'hui encore, je ne comprends pas. Comment a-t-on pu la laisser dans cette détresse ? Les antidépresseurs, les anxiolytiques, lui étaient prescrits à la pelle. Par le même médecin. Notre médecin de famille. Et les membres de ma famille la regardaient s'enterrer. Sans lever le petit doigt.

Quand elle était absente ou pas apte à s'occuper de moi, mon frère Samuel me gardait. Il avait à peine 10 ans. En mai 2000, il s'est retrouvé dépassé. J'avais tout juste 9 mois et je pleurais, sans interruption. Seul, en détresse, il a appelé ma sœur Samantha à l'aide. En quelques minutes, elle était là et m'a embarquée avec elle. Les services sociaux lui ont donné raison et je n'ai plus jamais vécu avec ma mère. Déjà au bord du gouffre, elle a vu son dernier espoir s'éteindre : moi.

La trahison ultime

Elle aurait pu se relever, mais Jonathan, son fils, l'a achevée. À 17 ans, il était déjà une arme humaine : manipulateur, violent, cruel. Il lui a promis de l'aider à me récupérer. Elle l'a cru. Il l'a trahie.

Le 21 décembre 2000, c'était Hanouka. Sonia devait me rendre visite. Elle avait même acheté une peluche. Mais tout s'est écroulé. Samantha, injoignable. Franco, indifférent. Jonathan, dans l'ombre, toujours comme un spectateur malsain. Seule dans son appartement, Sonia a appelé au secours. Ses appels se sont perdus dans le vide.

Quand Jérôme, son dernier compagnon, est arrivé, elle n'était plus là. Morte.

L'après

Samantha a pris la relève. Officiellement pour mon bien. En réalité, elle a pris tout ce qu'il restait de ma mère : moi. Sa maison. Les aides. Et une nouvelle vie à construire sur les cendres de Sonia. Quant à moi, j'étais livrée à cette famille toxique, un poison dans le sang.

Cette histoire n'est pas une simple tragédie. C'est l'autopsie d'un héritage toxique, d'un mal qui se transmet comme une malédiction. Ma mère est morte de solitude, de désespoir, et surtout, des gens qu'elle aimait.

Je raconte pour briser le silence. Pour ne pas devenir l'un d'eux. Pour survivre.

3

ET TU M'AS LAISSÉE LÀ...

1er novembre 2006

Moi, dans ma vie, j'aimerais avoir une famille...

Ce sont les mots que je retrouve aujourd'hui en feuilletant mes carnets. J'ai écrit celui-ci quand j'avais 7 ans. J'imagine que j'étais assise par terre, toute seule, dans le salon à griffonner mes états d'âme entre deux dessins de petits lapins et de brouillard.

C'est moi ta mère, tu as compris ?

Le paradoxe total. Samantha. Elle qui se plaignait sans cesse de n'avoir jamais rencontré d'homme, de ces hommes qui la prenaient pour ma mère. J'avais 5 ans, mais tout le monde m'ignorait, même elle. Chaque fois que je voulais en savoir plus sur notre mère, elle me hurlait dessus, comme si ma simple existence lui mettait une épine dans le pied. « Tu n'as même pas connu cette femme, alors n'en parle plus ! », me disait-elle. À chaque mot, elle effaçait un peu plus de ma propre histoire, me privant de ce lien essentiel.

Et puis, c'était « elle et moi contre le monde », comme un mantra. Elle me l'a répété tant de fois. Moi, la petite, qui croyait que ce lien était indestructible. Mais, à partir de 8 ans, tout a changé. Elle n'a plus voulu être mon protecteur, mon bouclier. Non, elle a explosé, chaque jour un peu plus, hurlant sur tout ce qui bougeait : le monde, Dieu, notre mère…

Et moi ? Je n'étais qu'un spectateur silencieux. Une ombre dans un monde qui m'écrasait. J'étais là, toujours là, ne pas déranger. Ne pas la déranger, surtout. Je devenais son objet, son utilité. Le Ricoré du matin, les courses, les clopes. J'étais tout ça. Elle n'avait plus que moi à exploiter. Et moi, j'obéissais, espérant un peu de son amour, un peu de sa reconnaissance.

Je n'avais que 5 ans et je me forçais à être parfaite. J'étais une petite fleur fragile, toujours dans l'attente d'un peu de douceur, d'un peu d'amour. Mais rien n'arrivait. Le seul amour qu'elle m'offrait était comme un mirage : il disparaissait au premier souffle de vent. Elle m'a oubliée, pour ses hommes, pour ses désirs, pour cette quête sans fin d'une reconnaissance qu'elle ne trouvait jamais.

Le premier ? Samuel. Il était gentil, un peu trop. Mais rien n'a duré. Comme toujours. Puis il y a eu Alexandre. Je me souviens de ses yeux froids, de sa voix qui grondait comme un orage. « Le diable », je l'appelais. Je n'avais que 5 ans et je sentais bien que je dérangeais. Un jour, elle m'a demandé d'aller lui chercher une boîte de médicaments. À cet âge, je ne savais pas ce que cela représentait. Alors, docile, je suis allée à la pharmacie lui chercher la fameuse boîte, innocemment, dans le but de la satisfaire. À mon retour, il m'a hurlé dessus, m'a arraché la boîte des mains. J'étais trop jeune pour comprendre. Ce n'est que plus tard, bien plus tard, que j'ai compris : elle avait voulu mettre fin à sa vie. Cette sœur, qui devait être ma « protection », et pour les autorités « ma stabilité », m'avait oubliée pour mourir.

C'était ce moment-là qu'elle m'a tout balancé en pleine figure. À 8 ans, j'ai appris la vérité. La vérité sur notre mère, sur son suicide, sur ce père absent, sur des choses que je ne pouvais même pas imaginer. C'était un coup de poing dans le ventre. Ce jour-là, j'ai perdu l'innocence. J'ai compris que je n'étais qu'un poids dans son monde.

À 25 ans, tout m'est revenu, comme un tsunami. Ma sœur m'avait menti, m'avait enfermée dans son propre cauchemar, m'avait fait croire à un monde qui n'existait pas. Elle m'avait volé mon enfance, ma sécurité. Elle m'avait projetée dans une réalité que je n'étais pas prête à affronter. Elle m'avait utilisée, encore et encore, pour combler ses propres vides. Chaque homme qui entrait dans sa vie devenait une obsession. Et moi, j'étais là, en périphérie. Un fantôme, presque invisible. Puis Christine est entrée dans ma vie, ma marraine. Elle m'a montré ce qu'était une famille, un peu de chaleur, de tendresse. Mais là encore, Samantha m'a détruite. Elle m'a arrachée à tout ce qui était normal, à tout ce qui me faisait respirer. Parce que sa jalousie était plus forte que l'amour.

Puis il y a eu Samuel. Mon frère. Il disait que j'étais sa princesse. Mais il m'a trahie. Il m'a laissée dans l'ombre, comme toujours. À 12 ans, je suis restée seule, dans l'appartement, à attendre que quelqu'un m'ouvre la porte. Que quelqu'un me voie. Mais personne ne venait. Il est parti, a volé l'argent de ma sœur, brisé ce qu'il restait de cette illusion qu'on appelait une famille. Et moi, je me suis effondrée. J'ai perdu ce dernier pilier sur lequel j'avais cru pouvoir m'appuyer.

La famille… C'était un mirage, un leurre. Samantha me répétait sans cesse que l'égoïsme était la seule vérité qui comptait. La famille n'existait pas. Elle n'existait pas pour moi. Et moi, j'étais là, à chercher des fragments d'amour dans un océan de désillusion. Elle m'a enfoncée dans un monde d'adultes, sans me laisser le choix. Je suis devenue une ombre. Une silhouette perdue, sans nom, sans identité. J'ai même caché mon prénom pour ne pas attirer l'attention, pour ne pas être celle qui gênait.

Et quand elle a rencontré Rachid, j'ai cru que c'était la fin de ma solitude. Mais non. Elle m'a encore sacrifiée. Quand il est parti, elle m'a accusée de sa chute. À 10 ans, j'étais responsable de tous ses échecs. À 10 ans, j'étais responsable de sa vie ratée. Et moi, j'étais là, en silence, subissant encore.

Les crises, les hurlements, les accusations… Elle n'a jamais cessé. Elle ne voyait plus en moi sa sœur. Elle ne voyait plus que l'image d'un fardeau qu'elle devait porter. Elle m'a entraînée dans son abîme, dans son désespoir. Elle m'a demandé un jour si je voulais qu'on meure ensemble, si on prenait un médicament, si on s'éteignait à deux, dans l'indifférence du monde. Et moi, j'ai essayé de la retenir. J'ai essayé, encore une fois, de lui dire que je l'aimais. Mais rien ne suffira jamais. Rien ne pourra jamais combler le vide qu'elle porte en elle.

Elle m'a perdue. Elle m'a jetée. Et la dernière chose qu'elle m'a dite ? « C'est ta faute. »

Parce que dans son monde, tout est toujours de ma faute. Toujours.

Alors je restais docile. Pour ne déclencher aucune colère. Dès la sortie de l'école, je la rejoignais au parc des Buttes Chaumont où elle vendait des crêpes et des confiseries. Jusqu'au jour où, encore une fois, elle m'a fait croire que les choses pourraient changer. Elle avait trouvé un « super travail », dans une sorte de conciergerie pour des princesses d'Arabie saoudite. Elle aurait de l'argent mais allait devoir se déplacer à l'étranger et s'absenter régulièrement. C'était peu de le dire. Dès la rentrée scolaire de 2008, j'avais 9 ans, je vivais principalement seule. Je pouvais rester en pyjama toute la journée, personne n'en savait rien. Je m'occupais en triant les dizaines de boîtes de conserve qu'elle m'avait laissées, je rangeais, je faisais le ménage. C'est sûrement pour cette raison que je suis aussi maniaque aujourd'hui. Et puis, au bout de trois mois d'absence, elle débarquait, comme ça, sans prévenir. Je crois que j'étais contente. Mais ce n'était pas de la voir, c'était de ne plus être seule. Pendant des années, je n'ai connu que cela, la solitude. Être obligée de me parler à moi-même pour faire un peu de bruit dans l'appartement. Je continuais d'aller à l'école, j'étais bonne élève et le brouhaha de la classe me donnait l'illusion d'avoir une vie sociale. Et à partir de seize heures trente, je retrouvais l'oubli, le silence, le manque. Celui qui nous fait croire qu'on n'est pas entier, pas complet. Celui qui fait mal dans le ventre.

Aucune institution, aucun adulte censé prendre soin de nous n'a jamais levé le moindre doigt pour intervenir. L'école, présumée être un endroit sûr où l'on grandit, a complètement ignoré ce qui se passait à la maison. Mes absences, mes blessures invisibles, mes silences et mes peurs – tout cela est passé inaperçu. Les professeurs n'ont jamais vu derrière mon sourire figé, derrière mon désir constant de disparaître pour ne pas déranger. Aucun regard ne s'est posé sur ma souffrance, aucune question n'a été posée sur ce que je vivais. La justice, quant à elle, n'a jamais daigné se pencher sur notre réalité. Pas une enquête, pas un seul professionnel pour écouter mes hurlements silencieux. Ma sœur, dans sa folie, a été libre de détruire tout sur son passage, tandis que moi, sa victime, devenais une ombre que personne ne voulait voir. Pas même les autorités. J'étais cette enfant oubliée, effacée des mémoires, une figure floue dans un monde qui ne voulait pas se soucier de moi. Personne n'a cherché à comprendre que j'étais bien plus que ce qu'on voulait voir. Ma douleur, mes besoins, mon désespoir étaient invisibles aux yeux des adultes qui auraient dû intervenir. Ils ont préféré détourner le regard, faire semblant de ne pas savoir, et me laisser grandir dans l'indifférence totale. Dans cette indifférence, j'ai compris que ma souffrance n'avait pas de place. J'étais là, mais je n'existais pas. Et personne ne m'a tendu la main.

4

ENTRE DEUX ABÎMES

Tutelle. Ce mot, que l'on trouve dans n'importe quel dictionnaire, désigne une responsabilité sacrée. Prendre soin d'un enfant. L'aimer. Le protéger. Veiller sur sa santé, son éducation et son bien-être quotidien. Une définition simple, rassurante. Mais dans ma vie, ce mot n'a jamais eu de sens. Ce n'était qu'une formalité administrative. Samantha, ma sœur, Jonathan, mon frère. Tous les deux ont porté cette responsabilité, mais aucun n'a su, ou voulu, l'endosser. Et les services sociaux ? Une autre promesse vide. Ils survolaient ma vie, mais ne s'y arrêtaient jamais. J'étais seule. Pas une enfant, pas vraiment une adolescente. Juste un paquet encombrant qu'on se refilait de main en main.

Jusqu'à mes 12 ans, j'ai vécu au rythme de Samantha. Ses départs. Ses retours. Ma solitude entre les deux. Ses humeurs. Je ne savais jamais dans quel état je la retrouverais. Allait-elle sourire ? Ou crier ? M'ignorer, ou me reprocher d'exister ? À chaque fois que j'entendais la clé tourner dans la serrure, mon petit corps se tendait. Une boule se formait dans mon estomac. Une douleur sourde, qui s'intensifiait à mesure que ses pas approchaient. Mon cœur battait trop fort. Ma respiration devenait difficile. Je ne savais jamais à quoi m'attendre, mais je savais que ça ne serait jamais simple. Jamais léger. En cause, la dépression de Samantha. Elle est survenue à la fin de l'été de 2012, nous rentrions de vacances en Égypte et avons remarqué que quelque chose avait changé dans sa chambre. Sa petite pochette avait disparu. À l'intérieur, toutes ses économies. Trente-cinq mille euros. Notre frère avait tout pris. D'un geste, Samantha s'est tournée vers la fenêtre pour sauter. Son ami et moi l'avons retenue in extremis. Après ce jour, c'était terminé. Ses démons l'avaient emportée.

Et puis, il y a eu ce matin de décembre 2012. Les vacances venaient de commencer. Le premier jour. Je m'étais levée avec l'espoir fragile d'une journée normale. Une journée d'enfant. Jouer dans le parc, rire un peu. Mais dès les premières minutes, tout a dérapé. Samantha était déjà sur les nerfs. Elle nettoyait l'appartement comme si sa vie en dépendait, chaque geste chargé de colère. Lorsque j'ai traversé le salon en chaussures sur le sol propre, j'ai senti la tension éclater. Elle s'est mise à hurler. Des mots violents. Tranchants. « Incapable. Charge. Insupportable. » Chaque phrase était un coup. Mon corps s'est figé. Mes jambes ne répondaient plus. Ma gorge s'est nouée à m'en étouffer. Mes yeux, secs, incapables de pleurer. J'étais paralysée par la douleur de ses mots. Je voulais disparaître, mais je ne pouvais même pas bouger.

Puis, sans prévenir, elle a attrapé son téléphone. Elle a appelé son père en Thaïlande. Sa voix était glaciale. Détachée. Comme si elle passait une commande. Ou qu'elle parlait d'un objet dont elle voulait se débarrasser. « Je ne peux plus m'occuper d'elle », a-t-elle dit. Ces mots. Ce ton. Je ne les oublierai jamais. Elle a raccroché et m'a regardée. « Tu vas vivre chez Jonathan. » Jonathan. Ce frère qu'elle avait toujours décrit comme un diable.

Un déchet. Elle ne voyait pas d'autre solution. Et moi, je n'avais pas mon mot à dire. En une heure, mes affaires étaient entassées dans un taxi. Ma vie, une fois encore, était déracinée.

Quelques jours plus tard, un colis est arrivé. À l'intérieur, mes dernières affaires. Et un parfum, avec ce message sur le flacon : « Je ne t'oublierai jamais, je t'aime très fort, Tata. » Ces mots. Ils étaient comme une brûlure. Une hypocrisie criante. Samantha m'avait jetée, et maintenant elle prétendait m'aimer. Comment osait-elle ? Ce parfum, je ne pouvais même pas le toucher sans sentir la trahison qu'il portait.

Chez Jonathan, les débuts ont été… différents. Il faisait des efforts. Il souriait, jouait les grands frères responsables. Mais ça sonnait faux. Ce n'était pas pour moi qu'il le faisait. C'était pour se venger de Samantha. Une victoire dans leur guerre d'ego. Pendant un moment, j'ai voulu croire que ça irait. J'ai même eu de l'espoir. Sa compagne Laurence n'a pas voulu de moi. Nous avons alors été hébergés quelques nuits chez un couple d'amis à Jonathan. Lui, semblait attentionné et vouloir prendre soin de moi. J'avais besoin d'y croire. Puis, nous avons intégré un appartement aux Lilas. J'y étais seule avec mes cousines. Nous avions quatorze, treize et dix ans. Livrées à nous-mêmes, mais j'aimais cette liberté que je n'avais jamais connue chez Samantha. On fumait des clopes, on faisait brûler des bonbons dans des casseroles.

Je me sentais plus bien mais finalement, cet endroit… C'était tout sauf un endroit rassurant. Les murs étaient sombres. L'air était vicié. La lumière ne pénétrait jamais. Les premiers jours, je me suis accrochée à l'idée que c'était temporaire. En effet, le temps de la débauche était révolu. Jonathan nous a trouvé un foyer stable, dans la même rue que sa compagne. Un bel appartement, j'y avais ma chambre et je ne manquais de rien.

Matériellement en tout cas. Mais très vite, le chaos a pris le dessus. C'était devenu un lieu de dépravation. J'y ai découvert les déviances les plus sombres. L'alcool. La drogue. Les excès. Jonathan ne cachait rien. Pire, il essayait de nous entraîner, mes cousines, et moi. J'avais connu la solitude, je découvrais à présent le sentiment de peur. Une peur qui grandissait chaque jour. Viscérale. Physique. Elle m'écrasait la poitrine. Mes mains tremblaient sans raison. Mon estomac était constamment noué. Parfois, je n'arrivais même plus à respirer. Du haut de mes 13 ans, je sentais que cela finirait mal. Mais je m'inquiétais davantage pour mon neveu que pour moi. La semaine, tout se passait convenablement. Jonathan travaillait. Je lui préparais à dîner à son retour. Le week-end, tout basculait dans l'horreur. Je fuyais autant que je pouvais. Mes cousines et moi nous rendions le week-end au Talmud Torah. J'y ai appris les rudiments de la Torah. C'est ce qui allait me permettre de trouver un cadre, de tenir.

D'ailleurs, Jonathan aura au moins pris une bonne décision lors de cette année 2013. La décision qui aura eu le mérite d'apporter un minimum de stabilité dans ma vie. Après des semaines où j'ai été déscolarisée, il a obtenu un rendez-vous en vue d'une inscription dans une école privée juive. Il ne s'est pas rendu à l'entretien car il était défiguré après une bagarre, mais y a envoyé à sa place un ami à lui avec lequel il avait une ressemblance physique. Cet homme s'est fait passer pour mon frère alors que je ne le connaissais ni d'Ève ni d'Adam. J'ai toutefois été admise dans l'école Beth Yacov. Je pouvais alors m'évader de l'enfer sept heures par jour.

Février 2013. Les mois avaient passé. L'ambiance avait empiré. Les violences aussi. La violence psychologique ? Je l'avais déjà connue avec ma sœur. Je découvrais à présent la violence physique. Les coups de Jonathan dans les murs, sur les femmes, sur sa compagne. Et sur mon cœur. C'est dans ce contexte que Jonathan a pu récupérer ma tutelle. Les services sociaux ont confié ma garde, moi, gamine de 12 ans, à un homme détenteur d'un casier judiciaire pour violences conjugales. Ils n'ont jamais rien vérifié. Eux aussi auraient pu prévoir sans difficulté que cela finirait mal.

C'était pour ce week-end de mai. La déchéance. Jonathan insistait pour m'emmener en soirée. À treize ans. Ma cousine est parvenue à lui faire entendre raison et me laisser tranquille. Il est parti seul. Le lendemain matin, je me sentais mal comme jamais. Ma tête tournait et je vomissais mes tripes. J'ai appelé Jonathan qui n'était pas rentré. Je lui ai demandé de m'accompagner chez le médecin. Il a pété les plombs et nous a hurlé dessus : « Je lance le compte à rebours. Vous avez trois minutes pour dégager de l'appartement sinon je vous tue, je vous arrache la tête et je vous coupe les doigts. » Effrayées, nous avons fui. En pyjama dans la rue. Toute une journée. Nous avons erré dans la rue et ne savions plus quoi faire. En fin d'après-midi, nous nous sommes décidées à l'espionner. À pas de loups, nous avons remonté les escaliers de l'immeuble et avons écouté derrière sa porte. Des talons claquaient. De l'eau coulait. Puis, le bruit s'est rapproché. Ce que j'ai ressenti à cet instant m'a glacée. Une peur sourde. Une angoisse que je ne pouvais pas comprendre, mais que je ne pouvais pas ignorer. Nous avons dévalé les escaliers pour fuir. Encore. Laurence n'a pas voulu nous accueillir. Nous avons trouvé refuge pour la nuit chez ma tante.

9 h 30 ce dimanche matin. Jonathan nous rappelle pour nous dire que nous pouvions rentrer. J'allais découvrir l'horreur. Il était allongé sur son lit. Entouré de sacs poubelle,

de bouteilles vides. De vieilles traces de lignes de cocaïne. Des préservatifs usagés. Et lui. Dans un état pitoyable. Il répétait, encore et encore : « Qu'est-ce que j'ai fait ? Mais qu'est-ce que j'ai fait ? » Sa voix était vide, son regard hagard. L'atmosphère était lourde. Oppressante. Je savais qu'il s'était passé quelque chose de grave. Mais je ne savais pas quoi.

L'arrestation de Jonathan

Quelques jours plus tard, tout s'est effondré. Pendant que j'étais à l'école, un professeur m'a appelée hors de la classe. Ma belle-sœur, Laurence, avait téléphoné pour demander que je rentre immédiatement.

Je me suis rendue chez elle, elle m'a demandé de m'asseoir. Malgré mon jeune âge, j'ai compris que l'heure était grave. Jonathan venait d'être arrêté. Notre petite voisine de 14 ans et sa copine de 13 ans venaient de déposer plainte contre lui pour séquestration et viol. C'est ÇA qui s'était passé ce fameux soir de mai. L'horreur, j'en ai eu la nausée. J'étais paniquée, je ne pensais plus qu'à protéger mon neveu. J'ai préparé ses affaires et demandé à Laurence où nous devions aller.

– Comment ça ? Bien sûr qu'on va chez ton frère, on ne va tout de même pas le laisser affronter cela tout seul !

J'étais sidérée. Elle me demandait de soutenir un violeur, un pédophile, un criminel. Ne sachant quoi faire, j'ai appelé Samantha pour lui annoncer la nouvelle, elle a simplement répondu : « Et alors ? Maintenant tu sais que l'herbe n'est pas plus verte ailleurs. » Ces mots m'ont brisée. J'étais déjà à terre, et elle me donnait le coup de grâce.

Après la garde à vue de Jonathan, Samantha est revenue à Paris. Elle m'a accompagnée à la Brigade des mineurs où j'ai pris la décision de raconter la vérité, toute la vérité, bien loin de la version que Jonathan m'avait fait répéter.

Je n'avais qu'une option : retourner vivre avec elle. J'étais prête à le faire. Pour cela, il fallait qu'elle me le propose... Ça n'a pas été le cas... Elle devait partir le lendemain pour Dubaï et ne pouvait pas me garder. La brigade des mineurs lui a dit que je devais retourner chez mon tuteur. Sans scrupule, elle m'a renvoyée chez Jonathan pour plusieurs mois. Pour une fois, elle qui s'était toujours opposée aux décisions de justice, n'a rien dit. Ça l'arrangeait bien. Je suis donc retournée chez Jonathan qui était sous le coup d'accusations très graves, j'y étais seule. Livrée à moi-même. Ignorée. Personne ne m'adressait la parole. Mon seul refuge était l'école et la religion. Les textes m'apprenaient à garder espoir.

Puis en juin 2013, comme si rien ne s'était passé, Samantha a récupéré ma tutelle. Le juge, ignorant tout de son abandon précédent, lui a rendu ce rôle. Pourquoi ? Parce que personne ne voulait de moi. Une fois de plus, les services sociaux ont fermé les yeux. Ils auraient dû me protéger, ils m'ont laissée sombrer.

Aujourd'hui, en relisant l'intégralité de mon dossier de l'Aide sociale à l'enfance, je vois les relances restées sans réponse, les alertes de la Brigade des mineurs tout bonnement ignorées. Le juge des enfants a pourtant été saisi de mon dossier, Samantha n'a jamais respecté ses recommandations, comme celle de me faire consulter un psychologue ou de me placer « dans un cadre éducatif », comme un internat. Quant à mon autre frère Samuel, il est écrit noir sur blanc qu'il a indiqué être « peu disponible du fait de son activité professionnelle » et qu'il « souhaitait être à distance des questions familiales ». Peut-être que si quelqu'un avait fait son travail, tout cela aurait pu être évité. Peut-être que si quelqu'un m'avait tendu la main, je n'aurais pas vécu cet enfer.

Voilà. J'étais encore seule. Un poids pour ma famille, encore pire pour la société. Et pourtant là encore, personne n'a rien fait. Et moi, j'étais seule face à l'abîme.

5

UNE DOULEUR SILENCIEUSE

Juin 2014

Extrait du rapport de l'assistante sociale : *Au travers de ses différentes expériences de vie chez les différents membres de la famille, Nathanya peut nous dire qu'elle « doit être le problème puisque les choses se répètent ».*

Je me le demande aujourd'hui. Comment est-il possible de laisser le poids de la culpabilité à un enfant sur sa famille toxique et dysfonctionnelle ? Orpheline de mère, née de père inconnu, abandonnée par ma sœur, exposée aux pires violences chez mon frère… Tout le monde était au courant. Les services sociaux, la Brigade des mineurs et même le juge des enfants ! J'avais l'impression d'être un boulet alors que je n'étais qu'un dossier oublié sur un coin de bureau. En treize ans de vie, j'étais déjà passée par tous les états et, surtout, je n'ai jamais eu la chance d'être une enfant. Et sachez bien que rien n'a changé. Combien d'enfants va-t-on encore laisser dans l'oubli le plus total ?

***

Aujourd'hui du haut de mes 25 ans, j'écoute la voix douce de ma psychologue-hypnothérapeute. Je me force à garder les yeux fermés, installée dans le fauteuil de son cabinet. Mes pieds sont ancrés au sol, cette position m'est inconfortable car lorsque je suis assise, je suis habituellement recroquevillée, les genoux sur ma poitrine. Je vis aujourd'hui ma première séance d'hypnose. J'ai vécu tellement d'horreurs dans ma vie que mon cerveau a occulté de lui-même de nombreux événements.

– Maintenant, Nathanya, vous vous sentez bien, en confiance. Vous avez devant vous une malle, que l'on appelle la « malle aux trésors ». Celle-ci contient les jolis souvenirs et les moments précieux et réconfortants que vous avez pu vivre. Ouvrez-la et sortez-en l'un de ces moments.

Mes doigts se crispent sur le fauteuil, à tel point que j'en ai mal aux ongles. Rien ne vient. Je ne vois pas de rose, que du gros ou du noir. Mon cœur bat vite, le visage de Samantha me revient… Je ne peux pas. Je n'y arrive pas. J'aimerais repenser aux beaux paysages de la Thaïlande, à la chaleur… Mais j'y étais avec ma sœur et, à cet instant, je ne vois qu'elle.

***

Je suis revenue vivre chez Samantha en mai 2013 après l'enfer que j'avais connu chez Jonathan, pensant naïvement que je trouverais enfin un semblant de paix. Mais très vite, j'ai compris que j'étais de retour dans une autre sorte de négligence, plus subtile mais tout aussi douloureuse. Je subissais ses grosses colères, elle me balançait des horreurs puis elle revenait, douce comme du miel, me répétant : « C'est toi et moi contre le reste du monde, tout ce qu'on vit, c'est la faute des autres… » Le refrain habituel. Malgré tout, elle était rarement là, toujours occupée par sa vie, ses sorties, son travail, ses mecs. Je n'étais qu'une ombre dans son quotidien, un être dont elle supportait la présence comme une contrainte dont elle aurait bien voulu se débarrasser.

Puis un jour, à l'âge de 14 ans, je me suis réveillée avec une douleur insupportable dans le bas du ventre. C'était comme si mon corps brûlait de l'intérieur. La douleur était si vive que je me suis persuadée que c'était l'appendicite. Affolée, je suis allée trouver Samantha, espérant qu'elle m'emmène à l'hôpital. Mais elle m'a regardée d'un air indifférent, refusant de m'accompagner. Elle voulait « voir si c'était vraiment grave », comme si mes souffrances étaient exagérées, comme si je cherchais juste à attirer son attention.

La nuit a été interminable, chaque minute étirant la douleur jusqu'à l'insoutenable. Au petit matin, le mal s'est déplacé de l'autre côté, plus fort encore, comme si mon corps se déchirait en petits morceaux sous ma peau. Ce n'est qu'à la fin de la journée, lorsque j'étais littéralement pliée de douleur, que Samantha a daigné appeler un médecin de SOS. Il est venu et m'a trouvée dans un état lamentable, me tordant de souffrance. Alarmé et alarmant, il a rédigé un mot d'urgence pour que je sois admise immédiatement à l'hôpital.

À l'hôpital Robert-Debré, j'ai été prise en charge sans attendre. Les médecins m'ont auscultée, m'ont fait passer des examens. J'étais soulagée, pensant enfin être entre de bonnes mains. Mais ce qui m'a frappée, c'est encore une fois l'attitude de Samantha. Pendant mon hospitalisation, là où je souffrais le plus. Elle, qui était toujours en jogging et déprimée, arrivait chaque jour apprêtée comme jamais. Un brushing parfait, son jean patte d'éléphant et sa petite veste de blazer marron bien ajustée. C'était réconfortant au début, elle me faisait même rire parfois et m'apportait à manger. Puis le naturel est rapidement revenu au galop. J'étais là, alitée, souffrant le martyre, et elle,

elle passait son temps à boire des cafés avec le père d'une autre patiente, comme si ma situation n'était qu'un prétexte pour socialiser.

Les jours passaient et les médecins ne parvenaient toujours pas à diagnostiquer précisément mon problème. Je ne pouvais même plus aller aux toilettes. J'étais devenue prisonnière de mon propre corps, privée de toute dignité. Samantha, elle, semblait de plus en plus agacée de devoir rester là. Au bout de dix jours, elle a craqué. Ignorant les recommandations des médecins, elle m'a fait sortir de l'hôpital sans leur accord, alors que j'étais en pleine attente des résultats d'une IRM.

Quelques jours plus tard, l'hôpital nous a rappelées. Les résultats de l'IRM avaient révélé une malformation rénale grave, une artère polaire qui ne devrait même pas exister. Le professeur, un vieil homme bienveillant au regard sérieux, nous a expliqué qu'il était impératif que je sois opérée au plus vite. Mais Samantha s'est braquée. Elle a refusé l'opération, arguant qu'après dix jours d'attente et d'incertitudes, il n'y avait aucune raison de me faire opérer d'urgence. Et surtout, surtout… Si une opération avait dû avoir lieu, elle aurait eu des séquelles sur mon corps, mon physique… Cela lui était insupportable. Elle avait peur des cicatrices, peur des conséquences, comme si mon apparence ou le moindre inconvénient était plus important que ma vie.

À la place, elle a exigé une alternative : une sonde double J pour soulager mes douleurs sans intervention chirurgicale. Le 22 septembre 2014, jour de l'anniversaire de Samantha, j'ai subi cette intervention, une simple sonde censée m'aider à vivre avec la douleur sans véritablement soigner le problème. Après l'opération, les médecins ont été clairs : il me fallait beaucoup de repos. Mon urètre était abîmé, et j'avais sans cesse envie d'uriner, en plus de perdre du sang en continu. Les crises se sont calmées, mais à quel prix… J'ai aujourd'hui de graves problèmes rénaux. Si j'avais subi l'opération qui avait été recommandée, cela ne serait pas le cas. Maintenant, je sais que je devrai vivre avec ces douleurs jusqu'à la fin de ma vie.

Samantha avait des projets plus importants que de s'occuper de moi. Elle devait partir en mission à Dubaï pour le compte d'un prince d'Arabie saoudite, et elle n'avait nullement l'intention d'annuler. Alors, elle m'a embarquée avec elle, me traînant dans ce périple infernal sous les 50 degrés du désert, tout juste sortie de l'opération. Le moindre déplacement était un supplice. Je devais m'arrêter toutes les trois minutes pour m'asseoir et reprendre mon souffle. Finalement, elle m'a laissée seule à l'hôtel, partie en Arabie saoudite pour son travail, tandis que moi, je restais enfermée, livrée à moi-même, avec seulement le chauffeur de Samantha pour me livrer des burgers que je n'avais même pas la force de manger (je déteste les burgers aujourd'hui). Cette solitude, cette négligence, elle la trouvait normale. « Tu as vu comme je tiens à toi ? » me disait-elle, comme si le fait de m'emmener justifiait tout.

La sonde ne pouvait rester en place que deux mois. Au retour à Paris, nous avons dû programmer une autre opération pour la retirer, cette fois dans une clinique. Le médecin, un petit homme avec des lunettes rondes et des oreilles poilues, inspirait confiance. Mais cette épreuve s'est compliquée à l'infini par les erreurs médicales et l'errance de clinique en clinique. Là, encore, j'étais une « oubliée ».

Pendant toute cette période, je trouvais un peu de réconfort dans mon école, Beth Yacov, le seul cadre que j'avais dans ma vie. Mon directeur, M. Bellaiche, était comme un père pour moi. Il me soutenait, m'apportait chaque matin de l'eau et un pain au chocolat. Il était peut-être le seul à avoir conscience de ce que je vivais, plus que moi en tout cas. Quand il ne me voyait pas en classe, il demandait toujours « Où est Nathanya ? », inquiet pour moi. Il était atteint d'un cancer généralisé, mais il trouvait toujours le temps de s'occuper de moi, de me montrer l'affection que je ne recevais jamais chez moi.

Le 9 décembre 2014, le jour de ma deuxième opération pour retirer la sonde, j'espérais qu'il serait là, qu'il viendrait me voir. Mais à mon réveil, il n'y avait personne. Ce n'est qu'en recevant un message de mon amie que j'ai appris la nouvelle : mon père de cœur, M. Bellaiche, était mort pendant que j'étais sur la table d'opération. J'ai perdu celui qui était devenu mon pilier, sans même pouvoir lui dire adieu.

Le jour de son enterrement, ma sœur n'a montré aucun soutien. Alors que j'étais brisée de chagrin, elle ne cessait de me demander si je n'avais pas remarqué quelque chose de particulier chez elle. Je ne voyais pas de quoi elle parlait et je n'avais surtout pas la tête à cela. Elle est entrée dans une colère noire parce que je n'avais repéré ses nouvelles extensions de cheveux. Elle m'a hurlé dessus pour des futilités, me laissant affronter seule le deuil et la douleur de cet ultime abandon. Elle ne m'a jamais réconfortée, et j'ai dû trouver la force d'aller seule à la cérémonie, de prononcer un discours à l'école, en prétendant être forte, en faisant semblant d'aller bien.

Encore une prise de conscience douloureuse… La peur qui m'habitait, ce sentiment d'abandon, je le portais dans mes reins, comme un fardeau. Chaque crise, chaque douleur, chaque épreuve me rappelait la solitude dans laquelle j'étais enfermée. Samantha, dans son ignorance et son égoïsme, avait pris des décisions sans jamais me demander mon avis, croyant tout savoir, imposant son contrôle dans chaque domaine de ma vie.

6

TONNERRE

30 septembre 2014

Messenger : « *Je prendrai soin de toi, tu auras une famille Nathanya, viens* ! »

T.

C'est comme ça que l'emprise a débuté.

Lorsque j'étais sur mon lit d'hôpital, je recevais des tas de messages de soutien de mes camarades d'école, par l'intermédiaire des réseaux sociaux. Et un jour, ce message… Venant d'un homme… Nous l'appellerons ici Tonnerre, c'est la signification de son prénom en hébreu. Et c'est la manière dont il est entré dans ma vie. Sans prévenir. Avec une puissance invisible. Foudroyante. Dévastatrice.

C'est au moment où je me suis sentie la plus seule, la plus oubliée, qu'il est apparu. Après mon opération du rein, j'avais l'impression d'être effacée de tout, même de l'esprit de ma famille. Mes journées se fondaient dans un silence lourd, une solitude qui s'étirait sans fin. Je passais des heures à me demander si quelqu'un se souciait de moi, si ma souffrance avait un écho quelque part. Mais il n'y avait ni visite, ni appel de soutien. Même ma sœur, celle qui avait toujours exercé un contrôle serré sur ma vie, restait silencieuse. J'attendais son inquiétude, espérant qu'elle me demanderait comment j'allais, qu'elle s'intéresserait à moi pour une fois, mais rien. Cette indifférence me submergeait d'amertume et de désespoir.

Puis, comme une lueur inattendue dans l'obscurité, tous ces messages ont commencé à apparaître sur mon mur Facebook. Ces amis d'école qui m'encourageaient, qui m'envoyaient des vœux de rétablissement, de simples mots, peut-être sans importance pour eux, mais qui, pour moi, étaient un souffle d'espoir. C'était un rappel que je n'étais pas invisible pour tout le monde, que ma présence avait laissé une trace, même infime, dans la vie de certaines personnes.

Parmi tous ces mots bienveillants, il y avait le sien. Un homme que je ne connaissais pas vraiment m'avait écrit, intrigué par cette vague de soutien sur mon profil. « Pourquoi tous ces messages ? » m'a-t-il demandé en message privé. Un court message, presque anodin, mais pour moi, c'était une invitation à m'ouvrir, à me confier à quelqu'un qui, semblait-il, se souciait vraiment de moi. D'un coup, j'ai ressenti une chaleur, une fascination presque immédiate pour lui. Il voulait tout savoir de moi. Son intérêt n'avait rien de commun avec la curiosité polie des autres. Il me posait des questions précises, sincères, il voulait comprendre ce que je ressentais, ce que j'avais vécu, et m'a encouragée à me confier à lui. Pour la première fois, j'avais l'impression que quelqu'un voulait me connaître pour moi, au-delà de mon apparence, au-delà de ce que je montrais. Il était une ombre constante dans ma vie, un soutien sur lequel j'ai commencé à m'appuyer. Il connaissait lui aussi le deuil, la perte d'un pilier. Son père était décédé lui aussi.

Au début, nos échanges étaient innocents, presque anodins. Il me posait des questions sur ma vie, sur ce que j'aimais faire, sur mes rêves, mes ambitions. Il voulait connaître mes passions, mes angoisses, tout ce qui constituait mon univers intérieur. Chaque jour, ses messages remplissaient mon écran. Le matin, au réveil, il était le premier que je lisais, et la nuit, le dernier auquel je répondais. Il voulait savoir comment je m'habillais, comment je me sentais, ce que je faisais de mes journées. Et moi, naïvement, j'étais flattée. Il avait une intensité dans ses mots, une attention qui me faisait sentir vue, importante. Toute ma vie, j'avais été reléguée à l'ombre de ma famille, ignorée, contrôlée. Avec lui, pour la première fois, j'avais l'impression d'être au centre de l'attention, d'exister pour quelqu'un d'extérieur. Nous avons échangé ainsi pendant six mois, en FaceTime, par Skype ou messages.

Mais cette lumière s'est vite transformée en une ombre. Dès les premières semaines, son besoin de tout savoir de moi est devenu oppressant. Si je tardais à répondre, il s'énervait, m'accusait de lui cacher des choses. « Pourquoi tu ne réponds pas tout de suite ? » écrivait-il. « Si tu m'aimais vraiment, tu n'aurais aucun secret pour moi. » Chaque message portait une pression sous-jacente, une exigence d'attention exclusive. Peu à peu, je me sentais prise dans ses filets, comme si mon devoir était de satisfaire son besoin de contrôle, de lui prouver que je lui étais entièrement dévouée. Ma famille m'avait appris l'obéissance et la soumission. Mon esprit était déjà conditionné à répondre aux attentes des autres, à me taire pour éviter les conflits. Avec lui, j'ai appliqué un mécanisme similaire sans même le questionner.

Tonnerre a rapidement occupé toute la place dans ma vie. Au début, cela ressemblait à un lien spécial, à une exclusivité réconfortante. Il comblait ma solitude. En réalité, il étouffait tout ce qui m'appartenait. Chaque matin, il exigeait des nouvelles. Il voulait savoir ce que je faisais de chaque instant, qui j'allais rencontrer, ce que je portais, il allait jusqu'à me traiter de « pute » quand ma tenue ne lui plaisait pas. Même en classe, je devais sortir pour répondre à ses appels, sous peine de l'entendre ensuite m'accuser de ne pas être honnête avec lui. C'était comme si, d'un seul coup, il s'était approprié mon quotidien, mes gestes, jusqu'à mon apparence. Je n'avais plus le droit de me regarder dans le miroir sans penser à ce qu'il en dirait.

Un jour, j'ai osé lui dire que j'allais voir des amis après l'école. Ce fut la première véritable crise. Il m'a accusée de trahison, m'a dit que je n'avais aucune valeur, que je n'étais « qu'une parmi les autres… Non pire, tu as moins de valeur que toutes les meufs que j'ai niquées ». Et j'étais vierge pourtant. Il parlait de ses ex, de ces filles sans valeur à ses yeux, et me comparait à elles, me rabaissait à leur niveau. Ses mots me frappaient comme des coups invisibles, des blessures qui ne cicatrisaient pas. J'étais une cible facile, déjà conditionnée par des années de contrôle familial, de critiques incessantes de la part de ma sœur. Tonnerre exploitait cette vulnérabilité, s'infiltrait dans chaque faille de mon esprit.

Il me parlait parfois de son quotidien en Israël, il avait la double nationalité et avait prévu de rester vivre là-bas. Mais après des mois de ce jeu de pouvoir virtuel, il a décidé de rentrer dans son appartement en France et m'a proposé de nous rencontrer.

C'était un 25 février. Il m'a demandé de venir l'accueillir à l'aéroport. C'était pour lui « la moindre des choses » étant donné qu'il venait de « traverser le globe pour moi ». Samantha me l'a formellement interdit et puis, je n'avais que 15 ans, je ne savais même pas comment m'y rendre. Sa réponse a été violente, presque furieuse. « Tu ne me respectes pas. Je mérite que tu fasses un effort. » Il me reprochait de ne pas être à la hauteur de ses attentes. Mais, incapable de supporter cette idée, j'ai fini par céder lorsqu'il m'a demandé de le rejoindre à Sarcelles. Sarcelles ? Mais qu'est-ce que c'était ? Je n'en savais rien ! Je n'avais même encore jamais pris le RER. J'ai tout de même fait le trajet : trente-cinq minutes de métro, vingt-cinq minutes de RER et encore dix minutes de bus.

Mon cœur battait la chamade, mais j'avais une boule au ventre. Sur le moment, j'ai cru que c'était « ça » l'amour, cette sensation de papillons dans le bas de mon corps. Plus tard, j'ai compris que c'était une manifestation de l'angoisse.

Je suis arrivée dans une cité. Je ne me sentais pas en sécurité. Puis je l'ai vu au pied de son immeuble. J'ai cru que j'allais m'évanouir. J'étais toute tremblante. Il avait cette allure intimidante, plus vieux que moi, avec une beauté sombre et magnétique. Sa veine, bien visible sur son front, semblait prête à éclater chaque fois qu'il s'énervait, et cette vision m'a glacée.

J'étais partagée entre l'excitation et une peur inexplicable. Quand il m'a pris dans ses bras, mon corps s'est tendu, mais je n'ai rien dit. Je me suis convaincue que c'était l'effet de l'amour, que cet étrange mélange de peur et de dépendance était peut-être ce que l'on ressentait quand on aimait quelqu'un. J'avais appris à ignorer mes propres émotions, à me taire. Alors je n'ai rien questionné, et j'ai accepté cette emprise comme une évidence. Nous avons passé quelques heures là, dans le hall de son immeuble, par terre. Deux semaines plus tard, je montais chez lui pour la première fois. Il m'a présentée à ses frères, Dekel le plus grand et Sharaf, ainsi que la fiancée de ce dernier, Laura. Je les aimais bien au début. Dekel a même pleuré quand je lui ai raconté mon histoire.

Très vite, Tonnerre a commencé à m'ordonner des choses. Il m'appelait sans cesse, exigeait des preuves de mon amour, des photos de mes vêtements pour s'assurer que je ne lui cachais rien. Il fallait que je réponde immédiatement à chaque message, sans quoi il explosait de colère. « T'es comme toutes les autres, » disait-il avec un mépris tranchant. « Si tu ne viens pas tout de suite, je vais pisser sur la tombe de ta mère ! » Chaque phrase me détruisait un peu plus. Je sentais mon estime s'effriter, se réduire à rien, sous le poids de ses accusations. Mais au lieu de me révolter, je me taisais, je me remettais en question. Je pensais que c'était de ma faute, que j'avais provoqué sa colère, que je n'étais pas assez aimante, pas assez dévouée.

Je devais venir le plus tôt possible chaque week-end, venir et rentrer seule en RER et métro. Il surveillait mon téléphone. Il disait qu'une fille honnête, une fille amoureuse, n'aurait jamais rien à cacher. Et moi, naïvement, je croyais à ses mots, oui, je croyais sincèrement qu'il s'agissait là d'une forme d'amour. On ne m'avait jamais appris… Et, pour la première fois, il a vu quelque chose qui ne lui a pas plu. Il m'a plaquée contre le mur et m'a crié dessus : « *sale pute, je vais te tuer !* ».

Vendredi 13 mars 2015. Tonnerre m'a demandé de venir manger chez lui pour Shabat. La moindre contrariété de sa part déclenchait une série de reproches violents. Je devais vraiment y aller. J'ai supplié ma sœur qui a fini par accepter. Quitter une prison pour une autre. C'est ce que j'étais en train de faire.

Rebelote. Métro. RER. Bus. Je suis montée dans l'appartement, il m'a directement emmenée dans sa chambre. Nous nous sommes posés sur le lit, nous nous embrassions. Il s'est mis à descendre sa main vers mon legging, je lui ai remontée. Il a fermement retiré ma main pour replacer la sienne. Mon corps tout entier s'est crispé. D'un geste vif, il a baissé mon legging et ma culotte. J'ai tenté de me rhabiller mais le moindre mouvement me procurait une horrible douleur dans la cage thoracique. Il était sur moi. De tout son poids. J'ai senti son corps chercher à s'imposer au mien. Instinctivement, j'ai reculé, le repoussant avec mes pieds. Il m'a alors attrapée par les hanches pour me tirer à lui. Une fois encore, j'ai réussi à me dégager. Ce fut la dernière. Acculée contre le mur, recroquevillée sur moi-même, je ne pouvais plus bouger. Il m'a tirée à nouveau vers lui et s'est allongé sur moi. J'ai compris à ce moment ce que voulait dire « être paralysé ». Il me faisait mal. Je voulais qu'il arrête. Il m'a mis un doigt sur la bouche pour que je ne crie pas. Je sentais qu'il me déchirait. J'avais tellement mal, j'avais l'impression que j'allais en mourir. Sa tête dans le coussin, il bougeait de plus en vite et de plus en plus fort. Et c'était terminé.

Il s'est retiré et m'a repoussée comme un jouet cassé. Je me suis mise sur le côté. Le monde s'était arrêté. J'avais horriblement mal et je me sentais sale. Il m'a dit de me rhabiller pour qu'on aille dîner tous ensemble. Froidement.

Il a ensuite demandé à son frère de lui prêter sa voiture pour me ramener chez moi. Ce dernier a refusé. Tonnerre m'a donc accompagnée jusqu'à la gare de Sarcelles en pleine nuit et m'a laissée rentrer seule. Je ne comprenais rien à ce qu'il me disait, j'avais un bourdonnement incessant dans les oreilles, comme si j'avais été mise KO après un match de boxe.

En rentrant chez moi, j'espérais que ma sœur s'était inquiétée et qu'elle était en train de m'attendre. Mais lorsque j'ai franchi la porte, je n'ai entendu que le silence et j'ai vu qu'elle avait fermé le verrou de sa chambre.

J'étais seule au monde. Je me suis déshabillée et j'ai remarqué une petite tache de sang diluée sur mon débardeur blanc. J'ai pris une douche bouillante. Je me frottais frénétiquement, cherchant à effacer cette sensation d'humiliation, de saleté. Mais rien ne partait. L'image de ce moment, son visage impassible, ses gestes violents, tout cela était gravé en moi, incrusté sous ma peau.

Puis ce message de Tonnerre, comme un éclair : « Tu prends la pilule ? » Si je prenais la pilule ? J'étais vierge ! Je ne connaissais rien de tout cela ! Il m'a ordonné d'aller à la pharmacie dès le lendemain. Ce que j'ai fait. J'étais comme un bleu ambulant dans les rues.

Je n'étais plus la même. Quelque chose en moi avait changé et à partir de là, tout a empiré. Tonnerre s'est mis à me faire du chantage pour tout. Soit je faisais tout ce qu'il voulait, soit il disait à ma sœur que j'avais perdu ma virginité avec lui. Ma vie a tourné au cauchemar. Il s'est mis à me battre. De plus en plus souvent. De plus en plus fort. Il me mettait des gifles, me traînait par les cheveux, par terre. Parfois, il serrait ma tête si fort que je croyais qu'elle allait exploser. Une fois, il a voulu qu'on couche ensemble, je ne faisais que refuser et le repousser. Il m'a alors projetée à terre, je me suis pris l'angle de son meuble dans le crâne. Je saignais. Il m'a regardé et m'a dit : « Reste par terre comme une chienne que tu es ! »

7

2015-2016, L'ANNÉE DE TOUS LES DÉMONS…

22 mai 2015,

« *Tu m'as détruite, tu as détruit ma vie, je suis détruite de l'intérieur, je n'arriverai jamais à oublier…* »

J'étais sa chose. J'ai essayé de le quitter, de le bloquer. Cela le rendait fou et il débarquait chez moi, il me menaçait. Il envoyait des messages à ma sœur Samantha qui se souciait peu de mon cas. Elle est d'ailleurs repartie travailler à Dubaï. J'étais seule et terrorisée. Contre lui. Il envoyait des centaines de messages, disant qu'il allait se suicider, que je lui appartenais.

Un matin, en allant en cours, j'ai vu sa voiture. J'ai couru dans le métro, il m'a rattrapée, m'a tirée devant les regards indifférents des passants. Il m'a engouffrée dans sa voiture et a fermé les portes. Il m'a emmenée chez lui où il m'a enfermée à double tour. Prostrée dans un coin de l'appartement, je pleurais, pleurais tellement que je ne pouvais plus respirer, les spasmes faisaient tressauter mon corps. Je ne contrôlais plus rien, je tremblais de terreur. Les larmes, la peur et l'épuisement ont fait que j'ai fini par m'endormir. Puis il est rentré, il m'a réveillée pour me nourrir, comme un psychopathe avec ses victimes. Je n'avais plus de larmes, mais je me suis remise à pleurer, je le suppliais encore et encore de me laisser partir. Il m'a ri au nez. Mes sanglots étaient si forts que j'en avais une douleur intense à la gorge, je n'arrivais pas à avaler ma salive.

« Tu vas rester toute la semaine ici », m'a-t-il lancé en riant encore plus fort.

Assise sur le sol, les genoux dans les bras, je me balançais d'avant en arrière, les yeux dans le vague, tentant de trouver une solution. Comment pouvais-je m'échapper ? Qui pouvait m'aider ? À cette question, je savais déjà que je n'aurais pas de réponse, je n'avais jamais pu compter sur personne dans ma vie. Je m'usais le cerveau à réfléchir mais le silence commençait à me donner une pointe de lucidité. Je n'avais qu'une échappatoire. Lui dire de venir chez moi et que l'on joue au parfait couple amoureux. Il m'a suivie dans cette espèce de délire. Il a rapidement pris ses aises tandis que moi, j'étais toujours aussi terrifiée. Ma gorge était tellement serrée qu'aucun son ne sortait de ma bouche. Je n'ai pas fermé l'œil pendant des jours de peur qu'une crise éclate. Et c'était le cas. Tous les soirs. Un soir, j'ai réussi à fuir, j'avais préparé un petit sac et me suis réfugiée chez ma meilleure amie Fallone après les cours. Une fois là-bas, tremblante, j'ai expliqué à Tonnerre que c'était terminé, qu'il devait partir qu'il n'aurait plus cette emprise sur moi. Insultes, menaces, chantage au suicide, j'ai eu droit à tout ce soir-là. J'étais épuisée. Je n'en pouvais plus. Je commençais même à décrocher en cours, le seul endroit où j'avais pu trouver refuge dans ma vie.

Après quelques jours de silence radio de sa part, je reprenais espoir. Mais on a frappé à la porte. Le Tonnerre a frappé à nouveau. J'ai paniqué, je regardais partout autour de moi, je ne pouvais pas fuir et, comme un déclic, je me suis dit qu'il fallait que j'arrête de fuir justement. Que je commence à affronter. Il tapait si fort sur la porte, j'ai cru qu'il allait la défoncer. Situation bien ironique. J'avais davantage peur des coups contre la porte que contre moi-même. Samantha ne m'aurait pas pardonné les dégâts. Alors, pour protéger la porte, je l'ai ouverte et pris les coups moi-même. Il a pété les plombs. Il m'a poussée violemment, je me prenais des meubles et des poignées de porte dans la figure. Il s'est emparé de mon téléphone, a envoyé un message à mon ami Samuel pour le faire venir. Ivre de jalousie, il voulait lui tendre un piège pour le poignarder. Heureusement, j'ai réussi à le prévenir.

Il m'a craché dessus, frappée sans relâche, humiliée et abreuvée d'insultes. À bout de forces, je ne voulais qu'une chose : que tout s'arrête. Je suis allée dans la salle de bains et j'ai saisi une lame de rasoir. D'un geste brusque, j'ai entaillé mon poignet. Le sang s'est mis à couler, ma vision s'est troublée, et je me suis effondrée. « Crève ! Ça ne me fait plus rien », m'a-t-il lancé. Il m'a traînée jusqu'à mon lit, est allé chercher une bouteille d'alcool à 90° et l'a versé directement sur mon poignet. J'ai hurlé de douleur. Il a ri. Puis la police a débarqué. Samuel, très inquiet, avait prévenu ma sœur Samantha qui, à distance, a prévenu les forces de l'ordre. Il s'est fait arrêter. C'était comme ça tout le temps. Je n'avais un peu de répit que lorsqu'il était en garde à vue. Mais il n'y avait jamais de suite. J'étais abandonnée aussi par la justice.

Avec tous ces évènements, j'ai – pour une fois, vécu le retour de Samantha comme un soulagement. Elle a été mise au courant de tout. Les coups, les humiliations, les viols. Elle s'est montrée tendre et attentionnée. Comme je ne l'aurais jamais imaginée. Elle a pris soin de moi. Un jour, en rentrant chez nous, nous avons croisé Tonnerre. Elle s'est ruée sur lui et l'a frappé. Elle était enfin devenue mon sauveur. Cela n'a évidemment pas duré. Son tempérament est revenu insidieusement. Par des petites phrases. Comme lorsque je faisais mal le ménage : « Tu es en manque de coups pour arriver à faire quelque chose ? » L'été qui a suivi, elle devait se rendre à Los Angeles pour le travail et m'a proposé de l'accompagner. Malgré nos relations en dents de scie, je me suis dit que cela ne pouvait que nous faire du bien. L'erreur. L'euphorie de se retrouver à l'étranger n'aura duré que quelques jours. Tonnerre me harcelait de centaines de messages et d'appels, ce qui rendait Samantha complètement folle. Elle me hurlait dessus : « Tu es vraiment une petite pute, tu lui as fait quoi à ce gars ? » Encore une fois, elle me tenait pour responsable. Je n'y comprenais rien, cela n'avait pas de sens. Elle s'acharnait sur moi comme si elle avait besoin d'un punching-ball et cela a dégénéré. Elle voulait simplement un prétexte pour se débarrasser de moi. Elle m'a coupé les vivres, m'a mise à la porte, dans une ville que je ne connaissais pas. J'étais dévastée, perdue. J'errai dans les rues comme un zombie, mon téléphone à la main. Et grâce aux réseaux sociaux, j'ai vu que ma cousine était elle aussi à Los Angeles en vacances, je l'ai appelée à l'aide et elle m'a prise sous son aile jusqu'à la fin du séjour. Sans cet heureux hasard, je ne sais pas ce que je serais devenue.

Comment peut-on générer des sentiments aussi violents chez des personnes qui nous entourent ? Toute ma vie, j'étais soit abandonnée, soit insultée, soit harcelée. Moi qui ai toujours voulu me faire toute petite, être discrète, j'avais le sentiment que depuis le suicide de ma mère, le monde entier me haïssait. De retour à Paris, ce n'était guère mieux. Samantha oscillait entre le fait de m'ignorer ou de me crier dessus. Et Tonnerre qui continuait de me harceler. Je n'en pouvais vraiment plus. Pourtant, j'employais le peu de naïveté qui me restait encore pour garder la foi et me dire que je pouvais peut-être arranger les choses.

8 décembre 2015. C'était le premier jour de Hanouka. J'avais envie d'apporter un peu de chaleur à notre foyer et peut-être même avoir une esquisse de sourire de la part de Samantha. J'ai voulu préparer des beignets pour lui faire plaisir. Je m'activais en cuisine lorsqu'elle a surgi comme une hystérique. « Putain mais qu'est-ce que tu fais là ? C'est dégueulasse ton truc et avec ton huile de merde, ça va puer partout ! Dégage de là ! » C'était trop. J'ai couru en pleurant dans ma chambre et j'ai rassemblé mes affaires dans une valise. J'ai passé la nuit, enfermée, à réfléchir. Et je suis partie le lendemain. En cachette, pour ne pas affronter une nouvelle crise. J'ai débarqué chez ma cousine Marion où j'ai trouvé quelques semaines de sérénité. Loin de ma sœur. Loin de Tonnerre. Loin aussi de mon école, que j'étais en train de lâcher. Je vivais au jour le jour, incapable de me projeter dans l'avenir dans cette situation.

Janvier 2016. Marion m'a donné trois jours pour trouver un nouveau logement car elle devait partir à l'étranger. Abandonnée. Une fois de plus. J'ai pourtant pris les choses en main, j'ai appelé l'assistante sociale pour évoquer ma situation. Tout ce que j'y ai gagné, c'est une nouvelle ligne sur le rapport me concernant. J'ai alors trouvé refuge chez mon cousin Mickaël. Je le connaissais peu mais il était le père de ma cousine préférée, alors pourquoi pas ? En échange de son hébergement, je devais travailler et vendre ses parfums dans un centre commercial. Il me donnait vingt euros de temps à autre pour me rémunérer. J'avais quinze ans. J'avais conscience que cette situation n'était que transitoire. Elle n'a en effet duré que trois mois. Jusqu'en mai 2016. Ma cousine, la fille de Mickaël, devait récupérer des affaires chez sa mère, qui n'était autre que Laurence, la compagne de Jonathan (oui tout le monde se mélangeait dans cette famille). Je ne savais pas que Jonathan venait de sortir de prison. Mais je l'ai senti dès que nous avons pénétré dans l'immeuble. Il avait déjà semé le chaos : il s'était disputé avec Laurence, allant jusqu'à couper les fils électriques de l'appartement dans un accès de rage. L'atmosphère était lourde, presque irrespirable, mais je ne pouvais pas m'enfuir. Pas encore. J'ai tenté d'être discrète, de me cacher mais il m'a vue, moi, celle qu'il accusait de l'avoir balancé aux flics. À son regard, j'ai su que je ne pourrais pas échapper à sa colère.

« Qu'est-ce que tu fous là ? », a-t-il hurlé, et avant que je ne puisse répondre, il s'est jeté sur moi. En un éclair, je me suis retrouvée au sol, son pied s'abattant sur mon ventre, puis sur mon dos. La douleur était indescriptible. Mon corps se repliait sur lui-même, cherchant instinctivement à se protéger, mais chaque coup me faisait éclater en mille morceaux. Laurence a tenté de le stopper, attrapant un câble dans un accès de rage pour l'étrangler, mais il était incontrôlable. Tout autour, les cris se mêlaient au vacarme des coups. Je voulais disparaître, m'effacer. J'ai couru vers les escaliers, mais avant que je ne puisse m'échapper, il m'a frappée à nouveau, me faisant perdre l'équilibre. Je suis tombée sur deux étages. Chaque impact sur les marches était une douleur nouvelle, une humiliation supplémentaire.

En bas, je me suis engouffrée à travers une porte ouverte. Sans réfléchir, je suis entrée dans l'appartement de quelqu'un que je ne connaissais même pas et me suis glissée sous le lit d'un enfant pour me cacher. Je tremblais de tout mon être, mon corps était pris de spasmes. Je pouvais entendre les bruits de pas, les voix des voisins, mais je ne bougeais pas. Je priais pour qu'on ne me trouve pas. Quand les pompiers et la police sont arrivés, je pensais que le pire était derrière moi. Mais ce jour-là n'était qu'un prélude à ce qui allait suivre. Même à l'hôpital, il n'y avait pas de répit. Mickaël est venu me chercher, m'ordonnant de sortir malgré mon état. J'étais encore couverte de bleus, mais aucune blessure physique ne pouvait égaler l'épuisement mental qui me rongeait déjà. Il m'a ordonné de ne rien dire, de ne pas accuser Jonathan car « dans la famille, on doit se soutenir ». Arrivée jusqu'à sa voiture, j'ai vu qu'il était là mais je n'avais pas le choix. Tout le long du trajet, il se vantait de la manière dont il m'avait tabassée. Je ne disais pas un mot. Je croyais être folle. Et Mickaël ne disait rien. Peut-être dois-je vous expliquer pourquoi. Mickaël n'est autre que le cousin de Jonathan et l'ex de Laurence, oui Laurence, la compagne de Jonathan. Celle qui a connu mon frère quand il était tout petit et qui a donc eu des enfants avec lui… Avec le cousin de mon propre frère ! Cette famille n'a jamais eu aucun sens moral.

Qui pouvait m'aider à présent ? Qui pouvait me sortir de cet enfer ? Le premier nom qui m'est arrivé en tête était celui de ma sœur. J'ai donc appelé Samantha pour lui raconter toute l'histoire, elle était en Thaïlande. Si je l'ai fait, c'est que je n'avais vraiment plus le choix, nulle part où aller. Sa voix était une bouée dans mon océan de détresse : « Ils vont te tuer comme ils ont tué maman. Viens ici, Nathanya. Je vais m'occuper de toi. » Elle promettait de prendre soin de moi, de soigner mes blessures, mais ses mots semblaient si lointains, presque irréels. Je voulais y croire, mais la réalité était bien différente. Elle était devenue proche de Tonnerre. Ils étaient comme cul et chemise depuis six mois. Elle m'a parlé ce jour-là pendant trois heures.

Trois heures pour me convaincre d'aller séjourner chez mon bourreau. Il était selon elle, la seule personne de confiance autour de nous : « Ne t'inquiète pas, il te laissera tranquille, je lui ai parlé et je le maîtrise maintenant. Il fait ce que je lui dis. Tu n'auras qu'un ou deux jours à passer chez lui, tout au plus, le temps que je te trouve un billet pour me rejoindre », avait-elle dit. J'avais envie de croire en cette promesse. Il est arrivé le lendemain à dix heures, exactement comme prévu. Il a pris mes valises, silencieux. Moi, j'étais trop faible pour protester. Je me suis allongée à l'arrière de la voiture, incapable de rester assise. Quand nous sommes arrivés à son appartement de Sarcelles, il m'a laissée dormir. Je me suis accrochée à ce moment de répit comme à une illusion de sécurité, mais cette tranquillité n'a pas duré.

8

NEUF JOURS

12 mai 2016

Rapport de l'hôpital :

Fracture de la pommette
Os du sternum déboîtés
Trous de cigarettes sur les jambes
Trois côtes cassées
Traces de morsure sur le visage
Empreintes d'étranglement
Bosses sur tout le crâne
Mâchoire déboîtée
Lèvre ouverte
Dent cassée
Lésion vaginale

Cela fait partie des séquelles de ma vie avec cette brute.

Le premier jour, je suis restée dans la chambre, allongée sur ce canapé-lit où il m'avait déjà violée. Je tentais de chasser de mes pensées cette vision d'horreur, je me concentrais sur la préparation de ma valise, j'ai réuni quelques affaires, une tenue confortable pour le long vol qui m'attendait et mon passeport en attendant des nouvelles de Samantha et l'heure de mon départ. Cette nuit-là, je n'ai pas pu dormir. Chaque bruit, chaque grincement de porte me faisait sursauter. Le lendemain matin, Samantha a appelé Tonnerre *via* Skype. Sa voix ne parvenait pas à apaiser mon angoisse. Elle répétait que je devais attendre, que les billets pour la Thaïlande étaient trop chers pour l'instant et que Tonnerre devait venir avec moi. Ils rigolaient tous deux par écran interposé. Cet appel était une fausse lumière au bout du tunnel, une promesse qui me semblait toujours hors d'atteinte. J'ai laissé passer une journée. En effet, Tonnerre m'a laissée tranquille mais j'étais sur mes gardes. N'ayant pas de forfait téléphonique, je devais rester à ses côtés, dans l'espoir d'avoir un appel de Samantha. Et elle a fini par me rappeler. Une dernière fois. Quand j'ai vu son regard à travers l'écran. J'ai compris. Les larmes me sont montées d'un coup. Il n'y aurait aucun départ pour la Thaïlande. J'allais devoir rester là. Je sentais la menace. Je sentais l'impasse. Je sentais la séquestration. Puis elle a dit : « Tu ne pourras pas venir. En même temps si tu es là, c'est que tu l'as bien voulu. Il faut maintenant assumer ma chérie. J'ai de toute façon prévenu tout le monde que tu étais en Thaïlande. La Brigade des mineurs et tes amis. Personne ne te cherche. »

Le choc.

Dans un élan de panique, j'ai tenté de fuir.

Dans un élan de panique, j'ai couru vers la porte. Mais il m'a rattrapée, me saisissant par la queue-de-cheval pour me ramener de force. « Tu ne vas nulle part », a-t-il dit avec une froideur terrifiante. Il m'a poussée dans la chambre et, dans un accès de colère, a sorti mes vêtements de la valise pour les jeter partout. Je me suis recroquevillée sur le sol, les larmes roulant sur mes joues. Lui, prenait des photos de moi dans cet état. Il en était fier et les envoyait à ma sœur, accompagnées de messages moqueurs : « MDR, elle est folle. » J'étais totalement perdue. Pourquoi ma sœur ne me donnait plus de nouvelles ? Pourquoi communiquait-elle avec lui ? Qu'est-ce que j'étais pour eux si ce n'est un défouloir ?

L'appartement en lui-même me donnait la nausée. Les murs jaunis semblaient suinter le désespoir, et l'odeur d'enfermement – un mélange de moisi, de tabac froid et d'humidité – s'imprégnait dans mes cheveux, ma peau, jusqu'à mes pensées. Le temps, dans ce lieu, ne s'écoulait pas normalement. Il s'étirait, interminable, chaque minute pesant sur ma poitrine comme une pierre. Ces neuf jours, je les ai vécus comme des années. J'avais 15 ans, mais dans cette prison, chaque heure m'arrachait un peu plus de mon enfance, de ma capacité à espérer, de mon identité. Les journées étaient interminables. Le temps, qui semblait si rapide autrefois, était devenu une chaîne qui m'étranglait doucement.

J'avais fini par comprendre que résister ne ferait qu'empirer ma situation. J'ai adopté une docilité calculée, une façade de soumission pour éviter ses colères. Je faisais le ménage, préparais des cafés, et un jour, j'ai même demandé la permission de m'occuper de ses plants de cannabis. C'était ma façon de survivre, de me rendre invisible, inoffensive. Mais même ces efforts ne suffisaient pas toujours. Chaque soir, son frère rentrait à l'appartement. Il voyait que je n'étais pas là par choix, mais il ne disait rien. Je savais que si je lui demandais de l'aide, Tonnerre se vengerait. J'étais seule une grande partie de la journée, enfermée à double tour, dans le noir car ils avaient pour habitude de garder les volets fermés. Comme s'ils avaient quelque chose à se reprocher. La seule issue que je pouvais avoir était de sauter du balcon… Me défenestrer… Comme Maman avait pu le faire. Mais j'imaginais mon petit corps tout frêle s'écraser sur le bitume, je me voyais paralysée. Quelle aurait été la logique de quitter une prison pour en retrouver une autre ? Ma seule échappatoire durait quelques minutes dans la journée, c'était dans l'après-midi, quand je pouvais entendre les enfants jouer et crier dans le square d'en face. Je fermais les yeux et m'enivrais de leurs rires. Je m'imaginais petite fille, glisser sur le toboggan, puis sauter dans les bras de maman. Elle m'aurait ensuite prise par la main avant d'aller déguster un bon goûter à la maison. On aurait fait des crêpes et on se serait mis du chocolat partout. Cette innocence… J'aurais tellement aimé la connaître. Je n'ai jamais été une enfant.

Les jours s'enchaînaient. Nous mangions à peine, à part de petites portions de brocolis surgelés. Par manque d'argent. Je restais sage, soumise, pour ne pas déclencher une quelconque crise. Il m'autorisait toutefois à regarder la télévision avec lui. Je me rappelle avoir vu le défilé grandiose des anges de Victoria's Secret. J'étais fascinée par la prestance et la beauté de toutes ces femmes. Lui n'était pas du même avis : « ces femmes méritent la mort », disait-il. Il haïssait la gent féminine et ne lui prêtait aucun respect. Et moi, je cristallisais toutes ses rancœurs.

Ce n'est qu'au huitième jour d'enfermement qu'il m'a permis de sortir avec lui pour aller laver sa moto. C'était la première fois que je quittais l'appartement. Il me tenait fermement par la nuque, comme un rappel constant que je ne lui échapperais pas. Il avait besoin de matériel pour son véhicule, nous nous sommes alors rendus dans un magasin. J'ai réussi à y récupérer un crayon et un bout de papier sur lequel j'ai griffonné « SOS ». De retour dans l'immeuble, j'ai pu le donner un voisin. Ce dernier a immédiatement averti Tonnerre. Ce soir-là, il s'est vengé avec une violence encore plus brutale. Je peux encore ressentir la force de ses coups dans mes reins.

Je suis alors redevenue docile. Douce. Silencieuse. Je ne suis pas sûre qu'il ait pu à un seul instant être pris de remords mais, malgré tout, il m'a autorisée le lendemain à voir une amie. Juste une heure. Il m'a lui-même accompagnée devant la station de métro. Le chronomètre était lancé, je n'avais que soixante minutes devant moi. Aucune amie ne m'attendait, je voulais simplement retourner dans mon ancien quartier avec l'espoir d'y voir quelques visages familiers. Je tremblais de tous mes membres lorsque, enfin, j'ai aperçu une bande de copains. Le temps m'était compté, je leur ai tout déballé, l'horreur que je vivais, l'enfermement et la violence. Ils étaient sidérés et m'ont suppliée de prévenir la police. Il n'en était pas question. Je devais récupérer mes affaires et, surtout, mon passeport. Je leur ai alors demandé de prévenir mon meilleur ami Samuel et leur ai certifié que si je n'étais pas là le lendemain à la même heure, ils pouvaient prévenir la police. Je regardais l'heure tourner à une vitesse folle et j'ai couru jusqu'au métro pour ne pas être en retard. Il m'attendait. Mais à sa façon de faire vrombir le moteur de sa moto, je savais qu'il y avait un problème. Il m'a ramenée en conduisant comme un fou. Je crois qu'à ce moment précis, j'aurais préféré perdre la vie sur la route que sous ses coups. Cela aurait été certainement plus rapide.

9

10 MAI 2016

– Tu étais où, sale pute ?
– Avec mon amie.
– Je te le redemande : tu étais où, sale pute ?

Il savait tout. Samuel, dépassé par les événements, a cru bon de prévenir ma sœur. Celle-ci s'est empressée d'avertir mon tortionnaire.

Ce neuvième soir, les limites de ma résistance ont été testées. Pendant cinq heures, le Tonnerre m'a foudroyée, insultée, humiliée. Il répétait que je n'étais « qu'une pute », que ma vie ne valait rien. Il m'a tirée par les cheveux, m'a frappée sans cesse. Puis il me jetait par terre, pour me relever, m'étranglant par moments, jouant avec mes limites. Je ne bougeais plus, je sentais mon vomi remonter dans ma gorge et il serrait si fort ses mains autour de mon cou que je ne pouvais plus respirer. Mon esprit s'échappait dans un abîme où je récitais l'alphabet ou des chansons imaginaires pour survivre.

Je croyais que j'allais mourir dans cette chambre. Mais quelque part dans la nuit, l'épuisement l'a gagné. Je me suis endormie, mes pensées floues, mon corps meurtri. J'étais en vie, mais pour combien de temps encore ?

Le dernier jour de ma captivité a commencé comme les précédents, dans une atmosphère lourde et suffocante. Je m'étais réveillée recroquevillée sur le canapé-lit, une surface rêche et inconfortable qui sentait le renfermé. La pièce où je me trouvais n'avait rien d'un lieu de vie. Le sol était jonché de mégots écrasés, de déchets, et d'éclats de verre. Une odeur rance émanait des assiettes sales empilées dans un coin, et les murs jaunis par la fumée de cigarette semblaient absorber le désespoir. Même respirer dans cet espace était une épreuve.

Chaque matin, je me réveillais avec le même sentiment de terreur mêlé d'engourdissement. Mon corps était couvert de bleus, des hématomes profonds qui me faisaient souffrir à chaque mouvement. Je passais mes journées à attendre, dans un mélange de peur et de résignation, incapable d'imaginer une issue. Mais ce matin-là, quelque chose était différent. Il y avait une agitation inhabituelle. Tonnerre était nerveux, et son frère, d'habitude distant, semblait paniqué.

Il a fait irruption dans la chambre, le souffle court. « Il y a la police ! C'est à cause d'elle ! Dégage-la d'ici ! », criait-il. Je pouvais voir l'effroi sur son visage. Il redoutait les conséquences, non pas pour moi, mais pour lui-même, pour les armes cachées dans l'appartement et les plants de cannabis alignés dans une pièce voisine. Tonnerre restait stoïque, comme paralysé par son arrogance. « Elle ne va nulle part », a-t-il répondu sèchement. Peu importaient les conséquences, il ne voulait pas me lâcher. J'étais sa propriété. Je restais immobile, recroquevillée sur le lit, incapable de comprendre ce qui se passait. Une part de moi espérait que ce serait la fin, que quelqu'un viendrait enfin me sauver. Mais une autre part, plus rationnelle, était terrifiée à l'idée de ce qui pourrait se passer ensuite.

Puis je les ai entendus. Les bruits dans le couloir se sont amplifiés, des voix fortes et décidées se rapprochant. La porte s'est ouverte avec fracas, et une dizaine de policiers a envahi l'appartement. Leur présence imposante a brisé la tension. Ils étaient nombreux, leurs uniformes impeccables contrastant violemment avec le désordre ambiant. Dès qu'ils sont entrés, leurs regards ont balayé la pièce, captant immédiatement l'ampleur de l'horreur. Je pouvais lire l'indignation et la sidération sur leurs visages.

Un policier, grand et imposant, a pris la parole en premier. Son ton était autoritaire, mais son regard s'était figé sur moi. Je devais être un spectacle effrayant : une adolescente recroquevillée, le visage marqué par la peur, les cheveux emmêlés, et des hématomes visibles sur mes bras et mon visage. Une femme policière s'est avancée doucement, presque hésitante. Elle jetait des regards autour d'elle, comme si elle n'arrivait pas à croire à ce qu'elle voyait. L'appartement était un dépotoir. Les cendriers débordaient, les mégots jonchaient le sol, des sacs-poubelles éventrés dégageaient une odeur pestilentielle. Une pile de vaisselle sale suintait dans un coin, attirant des mouches. Tout cela témoignait non seulement de la négligence, mais aussi de la violence du lieu.

Le regard de la policière s'est tourné vers un objet incongru que Tonnerre avait tenté de cacher dans son caleçon. « C'est quoi ça ? » a demandé l'un des hommes en sortant une énorme clé en fer. Elle était massive, d'un gris mat, et semblait tout droit sortie d'un autre siècle. Cette clé servait à m'enfermer dans la chambre, à m'isoler du monde extérieur, à m'asservir. Dès que je l'ai vue, mes émotions ont débordé. Je me suis effondrée en larmes, incapable de contenir tout ce que je ressentais. Cette clé, dans sa simplicité brutale, représentait à la fois mon enfer et la promesse d'une libération.

Derrière les policiers, j'ai vu mes amis. Ils étaient là, figés, les visages marqués par une horreur muette. Certains avaient les larmes aux yeux. Ils semblaient incapables de croire que c'était moi, que j'avais survécu à tout cela. L'un d'eux a murmuré mon nom, comme s'il doutait que ce soit réellement moi.

Les policiers continuaient de fouiller l'appartement. Leur expression oscillait entre dégoût et indignation. L'un d'eux a remarqué un hématome particulièrement large entre mes omoplates, noir et jaune, témoignage des coups que j'avais reçus. Une policière a approché doucement sa main, comme pour me rassurer, mais je me suis instinctivement reculée. J'étais encore incapable de faire confiance à qui que ce soit.

Ils m'ont demandé de me lever, mais je tremblais trop pour bouger. Finalement, avec leur aide, j'ai réussi à me tenir debout. Quand j'ai détaché ma queue-de-cheval, mes cheveux emmêlés sont retombés sur mes épaules, dévoilant d'énormes bosses sur mon crâne. J'ai senti leurs regards peser sur moi, chargés de tristesse et de colère.

Ils m'ont conduite à l'hôpital, où un médecin a examiné mes blessures. Mon corps était une mosaïque d'ecchymoses et de lésions. Une en particulier, de deux centimètres, était le résultat des violences sexuelles que j'avais subies. Ces mots résonnaient dans ma tête, mais je n'arrivais pas à les intégrer. Je n'étais plus simplement une adolescente blessée : j'étais une survivante d'un calvaire que je ne comprenais pas encore pleinement.

Après l'hôpital, les policiers m'ont emmenée au commissariat pour recueillir ma déposition. Parler était difficile. Les mots semblaient insuffisants pour décrire ce que j'avais vécu. Pourtant, les policiers étaient patients, presque doux. J'étais affamée, ils m'ont offert un sandwich grec avec des frites et un Coca, un repas banal, mais qui, à cet instant, semblait irréel. C'était un rappel que la vie normale existait encore quelque part, même si elle me paraissait hors de portée.

Dans la soirée, une femme est venue me chercher pour me conduire dans un foyer d'urgence pour jeunes filles, à Cergy-Pontoise. Elle semblait tout droit sortie des années 1970, avec un style un peu hippie. Elle était vêtue simplement, mais son regard était plein de bienveillance. Elle m'a conduite dans une camionnette jusqu'à un foyer d'urgence. Durant tout le trajet, elle a essayé de parler, mais je n'ai pas répondu. Je fixais le paysage, mais je ne voyais rien. Mon esprit était encore prisonnier de cette chambre, de cette clé, de ces murs sales.

Lorsque nous sommes arrivées au foyer, une autre femme m'a accueillie. Elle m'a tendu un drap propre, des vêtements simples et un nécessaire de toilette. J'ai murmuré un remerciement, presque inaudible. Je me suis assise sur une chaise dans ce qui ressemblait à une salle d'attente, je suis restée des heures, comme ça, en position fœtale, fixant le mur blanc devant moi. Le silence de la pièce contrastait avec le tumulte de l'appartement dans lequel j'avais été enfermée, mais ce silence n'était pas apaisant. Il était rempli de souvenirs, de peurs, de questions sans réponse.

Une psychologue est ensuite venue à ma rencontre. Je me souviens qu'il était très tard. Elle s'est approchée de moi et semblait ne pas être ravie d'être là. Elle avait l'air sévère, vieille et aigrie avec ses cheveux courts et ses petites lunettes rondes.

– Alors Nathanya, comment tu te sens ?

Était-elle réellement en train de me poser cette question ? Cela m'a littéralement écœurée. Elle avait pourtant mon dossier sous les yeux. J'imaginais qu'elle avait déjà vu des horreurs tout au long de sa carrière… Essayait-elle de se détacher de toutes ces histoires ? Avait-elle perdu le tact ? Ou n'en avait-elle jamais eu ? Cet entretien n'a servi strictement à rien. Elle a tapé deux trois notes sur son ordinateur puis elle est repartie. Notre entrevue aura duré quatre minutes, montre en main. Quand je relis aujourd'hui les rapports qui ont été faits sur moi par les services de l'Aide sociale à l'enfance, par certains éducateurs ou cette psychologue, j'ai l'impression d'une vaste blague. Nous n'avons vraiment pas vécu la même chose.

Los de cette première nuit en foyer d'urgence, je n'ai pas pu dormir. Je repensais à cette clé. Cette grosse clé en fer, incongrue et massive, était devenue un symbole pour moi. Elle représentait tout ce que j'avais vécu, mais aussi tout ce que j'avais surmonté. Je repensais au policier qui la tenait dans sa main. Je l'appelais déjà « Monsieur Clé », parce qu'il avait ouvert la porte, celle de ma prison. Mais au fond de moi, je savais que la véritable clé pour me libérer complètement serait plus difficile à trouver. Elle se cachait quelque part en moi, et il me faudrait du temps pour la découvrir.

J'ai revu « Monsieur Clé » le lendemain au commissariat. Lui et son équipe avaient encore des questions à me poser. Je sentais que l'atmosphère avait changé par rapport à la veille. Leurs regards étaient méfiants et ils me posaient beaucoup de questions sur ma sœur. Ils ne cessaient de me répéter que ma sœur était complice de cette séquestration et qu'elle était en contact régulier avec mon bourreau. Je ne les croyais pas et rejetais cette idée de toutes mes forces. Ils commençaient à s'énerver devant ma naïveté. Et c'est là qu'ils m'ont montré des captures d'écran de discussions entre ma sœur et Tonnerre. Il lui envoyait des photos de moi dans un état pitoyable, elle était probablement au courant de chacun des coups que j'avais reçus mais n'avait rien tenté pour me sauver. Pire, ils avaient même des conversations enjouées. Mon souffle s'est coupé. Elle disait qu'elle était ma mère, en réalité, j'étais l'objet de sa haine et de sa perversion. Je n'avais plus de mots, plus de sensations, plus d'émotions, je voulais juste les bras de maman. À défaut de cela, je suis retournée au foyer. À 16 ans à peine, je m'apprêtais à découvrir les antres de l'Aide sociale à l'enfance.

10

FOYER D'URGENCE

Cergy-Pontoise, 12 mai 2016, 22 h 51

« Maman, il faut que tu m'aides. Je n'ai plus rien ni personne. Je ne veux pas mourir comme toi. »

Il y avait encore quelques jours, je me voyais partir en Thaïlande rejoindre ma sœur. Les policiers ont dû me prendre pour une folle. En tout cas, ils se disaient que j'étais à côté de la plaque. Ils avaient certainement raison. Comment avais-je pu faire confiance à ma sœur ?

Ce qui restait de ma vie à ce jour ? Trois culottes, deux jeans et mes papiers d'identité. Tout cela dans un sac-poubelle. Lorsque l'on m'a emmenée dans ce foyer, je ne savais même pas vers quelle ville je me dirigeais. Je suis finalement arrivée à Cergy-Pontoise, devant un grand portail vert qui cachait quatre pavillons : un pour les garçons, un autre pour les filles, un troisième pour les enfants et le dernier pour les nourrissons.

J'étais littéralement sonnée. Je marchais en pilote automatique, j'allais où on me demandait d'aller. Mon arrivée au foyer n'était pas un soulagement mais une continuité du chaos. Après les violences, après les interrogatoires, après l'hôpital, je me retrouvais dans ce lieu qui ressemblait plus à un entrepôt pour âmes perdues qu'à un refuge. Tout était trop froid, trop impersonnel, et en même temps, trop vivant, trop bruyant. Je ne savais pas encore que cet endroit allait devenir un miroir déformant de tout ce que j'essayais d'oublier. Les murs, les visages, les voix allaient m'obliger à affronter ce que je fuyais.

En premier lieu, on m'a menée au rez-de-chaussée, dans un dortoir collectif. La pièce était vaste mais oppressante. Dix lits superposés se succédaient, recouverts de sacs de couchage dépareillés. Certains étaient soigneusement pliés, d'autres laissés en boule, témoignant d'un abandon ou d'un départ précipité. L'air était chargé d'une odeur de renfermé mêlée à celle des produits d'entretien bon marché, un parfum aigre qui s'accrochait à tout. Le sol, en linoléum usé, était marqué par des taches indélébiles, comme si les empreintes des vies passées s'y étaient incrustées. C'était un espace qui semblait à la fois figé et en perpétuel mouvement, témoin silencieux des allées et venues des filles qui, comme moi, n'étaient que de passage.

La plupart des lits étaient vides quand je suis arrivée. Les filles étaient à l'école ou ailleurs. Cette absence m'a donné un moment de répit. Je pouvais m'asseoir sur le bord d'un lit, poser mon sac, et tenter de comprendre où je me trouvais. Mais ce calme était trompeur. Le soir venu, le dortoir devenait un lieu de chaos. Les cris, les rires, les disputes se mêlaient au son des téléphones et des musiques jouées trop fort. Je restais silencieuse, recroquevillée sous mon sac de couchage, tentant de me fondre dans le décor et de me réchauffer. J'avais tellement froid…

Quelques heures après mon arrivée, l'un des éducateurs est venu me parler. Il était grand, avec un visage fermé mais des yeux pleins de fatigue. Ses mots étaient francs, presque brutaux : « Ici, tout le monde n'est pas fréquentable. Certaines filles font des choix dangereux. Si jamais tu penses aller dans cette direction, viens me voir. Je te donnerai des préservatifs. » Sa voix était dénuée de jugement, mais elle portait le poids de la réalité. Ces mots, aussi pragmatiques soient-ils, m'ont donné un frisson. Comment pouvais-je me retrouver dans un endroit où la survie passait parfois par des décisions aussi extrêmes ? J'ai d'ailleurs appris quelques années plus tard que cet homme n'avait aucune formation pour devenir éducateur, il était simplement le frère de la directrice.

L'éducateur a continué en m'expliquant les règles du foyer. Ici, il n'y avait pas de femme de ménage. « C'est nous qui faisons tout, » m'a-t-il dit, presque comme une leçon. Je n'ai pas répondu. Ce n'était pas le moment de lui dire que je savais déjà ce qu'était la survie, que j'avais appris à nettoyer pour ne pas qu'on me frappe, à plier mes affaires pour ne pas attirer l'attention.

Le premier soir, on m'a proposé un goûter : une brique de jus, un paquet de gâteaux secs, et un fruit dont la peau fanée trahissait sa fraîcheur passée. Je n'ai pris que la brique de jus, que je n'ai même pas ouverte. La nourriture ici n'était qu'une fonction, dépourvue de plaisir ou de chaleur. Les repas, livrés en barquettes en plastique, étaient insipides et insuffisants : une purée grise, des légumes flétris, une viande caoutchouteuse. Si ton ventre gargouillait après 20 heures, tu devais attendre le lendemain. La faim était une constante. Mon corps, déjà affaibli par les violences et le manque de sommeil, réclamait des forces que je ne pouvais pas lui donner. Je mangeais à peine, par dégoût ou par résignation. Chaque bouchée semblait un effort inutile, une tentative vaine de combler un vide bien plus grand.

Je passais le plus clair de mon temps recroquevillée sur une chaise, dans l'angle de la pièce principale, près d'une prise électrique pour charger mon téléphone et surtout, près de la fenêtre où je pouvais capter le réseau Wi-Fi des voisins, je me souviens encore du code. Je me créais une bulle protectrice, j'analysais le comportement des filles autour de moi. Elles me regardaient d'un air étrange, je n'avais pas le « profil » d'une jeune de foyer. Je savais que je pouvais avoir un air un peu « précieux » parfois, j'ai toujours parlé calmement, je n'ai jamais crié, je me tenais droite lorsque je n'étais pas sur cette chaise, mon comportement détonnait.

Le lendemain de mon arrivée au foyer, tout était encore flou, comme si j'étais spectatrice de ma propre vie. La première chose qui m'a frappée ce matin-là, c'était le froid. Le sol carrelé, glacé sous mes chaussettes trouées, me rappelait que je n'avais pas de chaussons et que tout ce qui était censé être réconfortant semblait absent ici. Je grelottais, mais je n'avais pas le courage de demander quoi que ce soit. C'était le genre d'endroit où demander paraissait un effort inutile.

Le dortoir était encore dans un calme relatif, les filles étant en majorité déjà parties pour leurs activités. Certaines allaient à l'école, d'autres… Il ne valait mieux pas savoir ce qu'elles faisaient. Je m'étais assise au bord de mon lit, observant ce lieu qui m'était encore étranger. Tout semblait gris, silencieux mais pesant. Le petit déjeuner, pris dans une salle à l'ambiance oppressante, m'a à peine nourrie : des cris volaient de table en table, des disputes éclataient pour un rien. Je me sentais hors de tout cela, incapable de m'y intégrer. Mon assiette était à moitié pleine, mais j'avais déjà perdu l'appétit.

Ce matin-là, les éducateurs m'ont annoncé que je devais retourner au commissariat pour poursuivre ma déposition. L'idée me terrifiait. J'avais l'impression de retourner dans une salle d'interrogatoire où chaque question me poussait un peu plus à douter de moi-même. Assise à l'arrière de la voiture qui me conduisait là-bas, je me répétais que tout irait bien, que ma sœur allait revenir et tout arranger. Eh oui, encore elle… Et mon déni…

En entrant dans le commissariat, l'air était lourd. Je sentais le poids des regards des policiers qui semblaient me jauger. Je me suis assise sur une chaise, tremblante. Les premières questions étaient méthodiques, presque mécaniques. Mais au fur et à mesure que l'entretien avançait, quelque chose dans leur attitude a changé. Ils semblaient moins patients que la veille. Le ton de leurs voix s'était refroidi, comme si quelque chose les avait agacés.

À un moment donné, j'ai demandé, d'une voix presque enfantine : « Est-ce que vous avez réussi à appeler ma sœur ? Elle va venir me chercher, non ? » Le silence qui a suivi a été encore plus glaçant que le carrelage du dortoir. Les policiers se sont échangé des regards, comme s'ils hésitaient sur la manière de répondre. Monsieur Clé, celui qui m'avait libérée, semblait particulièrement agacé. « Samantha va venir, c'est ça ? » a-t-il répété, presque avec ironie. J'ai hoché la tête. Pour moi, c'était évident : ma sœur allait arriver, tout expliquer, tout réparer. C'est alors qu'il a pris une pile de documents sur son bureau. « Je ne suis pas censé te montrer ça, mais il faut que tu saches. » Sa voix était dure, mais il y avait une pointe de compassion dans son regard. Il a posé les papiers devant moi et m'a demandé de regarder. Mes mains tremblaient en tournant les pages. À chaque capture d'écran, mon cœur se serait un peu plus. Il y avait des messages entre ma sœur et Tonnerre, échangés alors que j'étais séquestrée. Des mots doux, presque amoureux : « Comment tu vas, mon amour ? »

Puis, il y avait des photos. L'une d'elles montrait ma sœur dans une brassière de sport rose et un legging noir, baissant légèrement son pantalon pour exhiber le début de son bassin, comme si elle posait pour lui. Ma gorge s'est nouée. Chaque image, chaque message était une trahison. Je pleurais en silence, les larmes glissant mécaniquement sur mes joues, sans que j'en aie pleinement conscience. Enfin, il y avait une vidéo. Une vidéo où Tonnerre se vantait de m'avoir « maîtrisée ». On le voyait me donner des coups dans le dos alors que j'étais au sol, recroquevillée en pyjama. « Elle a essayé de s'échapper, regarde ce que je lui ai fait. Une grande malade. » Ma respiration s'est coupée. Les policiers m'ont expliqué que ces preuves démontraient que ma sœur n'était pas seulement passive : elle était complice. Mais surtout, si elle était rentrée, ce n'était pas pour moi. C'était pour défendre Tonnerre. « Elle ne va pas te protéger, Nathanya, » a conclu Monsieur Clé. Malgré les preuves accablantes, mon esprit refusait de l'accepter. « Non, vous ne comprenez pas, elle ne sait pas. Elle ne sait pas tout ce qu'il m'a fait. Quand elle verra le rapport médical, elle fera quelque chose. » Les policiers ont tenté de me raisonner. « Tu crois vraiment qu'elle ne sait pas ? Elle échangeait avec lui pendant que tu étais séquestrée. Elle était avec lui, Nathanya. »

Mais je ne pouvais pas condamner ma sœur. Pas encore. Le déni me servait de bouclier. Il était trop douloureux d'accepter qu'elle, la seule personne qui aurait dû m'aider, était celle qui avait le plus contribué à mon enfer. Alors j'ai continué à défendre l'indéfendable. J'ai murmuré : « Elle a dû se faire retourner la tête par Tonnerre. C'est lui, il manipule tout le monde. » Un policier, visiblement agacé, a soupiré : « En tout cas, Nathanya, sache que cela fait quinze ans que je fais ce métier. Si lui n'est pas envoyé en prison, j'arrête tout. »

Après une heure éprouvante, les policiers m'ont laissée partir. Karim, un éducateur du foyer, était venu me chercher. C'était la première fois que je le rencontrais. Grand, barbu, avec un sourire éclatant et une voix forte, il dégageait une énergie rassurante. Il parlait vite, avec un ton léger qui contrastait avec la gravité de tout ce que je venais de vivre. Il nous emmènerait même au KFC avec les autres filles quelques semaines plus tard. « Alors, ça va aller ? T'inquiète, tu es entre de bonnes mains. » Son assurance était étrange, presque déstabilisante. D'habitude, je me méfiais des hommes, mais avec lui, c'était différent. Il avait une chaleur dans sa voix, une présence qui apaisait. Dans la voiture, il a essayé de me parler, de m'expliquer pourquoi j'étais à Cergy et non à Paris. « Les jeunes restent trois mois maximum ici, c'est un foyer d'urgence, mais certains restent plus longtemps. Tu verras, tout va s'arranger. » Mais je ne comprenais rien. Pourquoi devais-je rester ici ? Pourquoi ma vie ne pouvait-elle pas reprendre ? Il a continué à me rassurer, à m'expliquer qu'on attendait des documents de la mairie de Paris pour que mon dossier puisse avancer. Mais pour moi, tout cela n'avait aucun sens. Je voulais juste rentrer, reprendre le contrôle, fuir ce cauchemar.

De retour au foyer, j'étais épuisée. Je me suis assise sur la fameuse chaise, dans un coin, essayant de capter le Wi-Fi du voisin pour vérifier les dires des policiers. C'est là que j'ai vu cette photo. Le canapé rose de mon appartement d'enfance.

Assis dessus : Tonnerre et Samantha. Tout me ramenait à cette vérité : ma sœur ne viendrait pas.

Elle était partie, et elle m'avait laissée seule dans cet enfer. Ce jour-là, une partie de moi a commencé à comprendre. Le déni, qui m'avait protégée jusque-là, commençait à s'effriter. Les preuves étaient là, les voix autour de moi essayaient de me raisonner. Mais je n'étais pas prête. Pas encore. Il me fallait du temps pour affronter la trahison, pour reconstruire ce qui avait été brisé. Et ce temps, je n'avais pas d'autre choix que de l'attendre.

11

LES FILLES

30 mai 2016

« Les filles, vous m'avez apporté plus que ma propre famille ou que des prétendus amis. Merci à vous. Jamais je ne vous oublierai. Je vous aime. »

Au foyer la nuit, le dortoir devenait un théâtre d'émotions exacerbées. Les filles parlaient fort, se disputaient, ou riaient à s'en étouffer. Moi, je restais immobile, les yeux grands ouverts, redoutant le moment où je sombrerais dans le sommeil. Car le sommeil n'était pas un refuge. Il était le lieu où mes cauchemars m'attendaient. Dans mes rêves, je revivais les pires moments de ma séquestration. Je sentais les mains de Tonnerre autour de mon cou, sa voix murmurant des insultes. Ma sœur était là aussi, un sourire complice sur les lèvres. J'essayais de hurler, mais aucun son ne sortait. Je me réveillais en sursaut, tremblante, le souffle court. Les premières nuits, certaines filles riaient. « T'as des démons dans tes rêves ou quoi ? » Mais peu à peu, elles ont compris. Une fille, sans rien dire, a commencé à veiller sur moi. Quand je me réveillais, elle venait caresser ma tête ou me murmurer des mots d'apaisement. Ce geste simple, mais d'une immense douceur, a été la première brèche dans la solitude que je m'étais imposée.

Au fil des jours, ma bulle de protection a commencé à se fissurer. Une jeune algérienne, qui venait d'arriver comme moi, a été la première à briser la glace. Elle avait traversé la frontière clandestinement, laissant sa mère derrière elle. Elle ne parlait pas beaucoup, mais elle écoutait en boucle une chanson de JUL sur son téléphone : « J'ai mal au cœur mama, j'ai mal mama. » Nous ne parlions pas beaucoup. Parfois, nous pleurions ensemble en silence. D'autres fois, elle me racontait des fragments de son histoire. À travers ces échanges, j'ai compris que, malgré nos différences, nous partagions une douleur commune, un sentiment de déracinement. Maman ne quittait pas mes pensées, je lui écrivais chaque jour dans mes petits carnets. Il s'agissait souvent de déclarations d'amour, j'essayais de trouver les bons mots pour lui dire à quel point elle me manquait. D'autres fois, j'exprimais ma colère, ma rage envers elle de m'avoir laissée toute seule.

Je commençais à m'adapter à ce quotidien étrange. Peu à peu, d'autres filles m'ont confié leur histoire, et j'ai fini par leur raconter la mienne. Certaines portaient des vécus tout aussi sombres : des abus, des fugues, des choix imposés. Mais malgré leurs parcours chaotiques, elles savaient trouver des moments de légèreté. Elles m'ont appris, doucement, à rire à nouveau, même si ce n'était qu'un rire fragile, une esquisse de normalité.

Le foyer, bien qu'essentiel, était aussi le reflet des échecs du système de protection de l'enfance. Les éducateurs faisaient de leur mieux, mais ils n'étaient pas assez nombreux. Les repas étaient insuffisants. Les filles, livrées à elles-mêmes, cherchaient des solutions pour combler les manques. Certaines se prostituaient, d'autres volaient ou revendaient de la drogue. Moi, je regardais tout cela avec un mélange de fascination et de peur. Je savais que je devais rester à l'écart, mais je comprenais pourquoi elles faisaient ces choix. C'était une question de survie, une réponse désespérée à un système qui les avait laissées tomber. Les policiers m'avaient vivement déconseillé de fuguer, « si tu fugues, tu vas te décrédibiliser, me répétaient-ils, montre-toi carrée et tout ira bien ». J'avais l'impression que tout découlerait toujours de mon propre comportement. Et d'ailleurs, les filles avaient droit à une chambre à l'étage si elles se montraient dociles et qu'elles ne faisaient pas de vagues. Je ne comprenais rien et j'étais révoltée intérieurement. Je les ai toutefois écoutés, je ne sortais jamais, sauf pour quelques activités organisées par le foyer, mais c'était rare. Je ne voyais l'extérieur, « la vraie vie », que lorsque nous faisions des balades en voiture jusqu'au supermarché discount pour aller chercher des vêtements avec des tickets gratuits.

Puis un jour, j'ai été obligée d'en sortir. Mes problèmes de rein étaient revenus. En réalité, ils n'étaient jamais partis. Cette fois, pas de terreurs nocturnes, c'étaient les douleurs qui m'avaient réveillée : les reins, le dos, le sternum, les séquelles des violences de Tonnerre me rappelaient à l'ordre. J'ai dû être hospitalisée. Encore. Je suis restée quatre jours à l'hôpital. Quatre jours pendant lesquels on m'a servi le même repas, je n'avais pas de visite, pas de livre, rien pour m'occuper. Je n'avais même pas droit à la télévision car il fallait payer 4 euros par jour et il était hors de question pour le foyer de le faire. Pas un seul des éducateurs n'est venu me rendre une visite ne serait-ce que cinq minutes ! J'étais seule avec moi-même, avec mes douleurs et mes traumatismes. J'ai trouvé un peu de réconfort à mon retour au foyer grâce aux filles desquelles j'étais proche. Elles m'avaient aussi offert un cahier avec des photos de nous et des petits mots résumant toute notre affection, j'en ai eu les larmes aux yeux, comme si nous avions construit une petite famille. Je ne savais pas de quoi notre avenir serait fait, mais ces filles-là resteraient dans mon cœur. Aujourd'hui, je n'en ai que peu de nouvelles ou des mauvaises. L'une d'elles est aujourd'hui en prison aux Antilles, elle a tué quelqu'un après avoir quitté le foyer. L'acte est forcément condamnable, mais peut-on lui reprocher d'avoir la haine avec ce qu'elle a vécu ? Avec ce que l'on a TOUTES vécu…

Le foyer de Cergy était une prison mentale. Chaque jour, je me levais avec l'espoir que quelque chose changerait, mais rien ne bougeait. J'étais obligée d'affronter ce que je voulais fuir. Et pourtant, malgré tout, j'étais vivante. Et cela, je devais l'accepter comme un premier pas.

Je ne me trouvais pas dans un lieu de réconfort, ni un endroit où l'on se sentait protégé. C'était un espace d'attente, un carrefour où des filles brisées par la vie étaient entassées, laissées là jusqu'à ce que l'administration décide quoi faire d'elles. Nous étions comme suspendues dans le vide, des âmes en transit, et chaque jour était une nouvelle bataille pour garder une once de dignité et de courage. Malgré tout, dans ce chaos, des liens improbables se tissaient, et ces filles qui semblaient si différentes de moi sont devenues des points d'ancrage, des alliées dans cette tempête. Nous étions censées respecter des règles strictes au quotidien. Pas de sorties au-delà des grilles sans autorisation. Pas de visites surprises d'amis ou de proches. Les éducateurs veillaient à faire respecter ces consignes, mais ils savaient bien que nous trouvions toujours des moyens de contourner les interdits. Les filles plus aguerries escaladaient les grilles pour aller chercher des cigarettes ou des bonbons à la station-service voisine. Certaines s'échangeaient des vêtements ou des objets volés. Il y avait une débrouillardise qui m'impressionnait, mais qui me rappelait aussi à quel point tout ici était fragile, précaire.

Pour ma part, je n'avais rien. Un téléphone oui, mais pas de forfait, pas d'argent, pas même une brosse à dents à mon arrivée. Samuel et Michael m'apportaient des produits de première nécessité : des chaussettes, du dentifrice, une brosse à cheveux. Mais même ces gestes de gentillesse me mettaient mal à l'aise. Michael, par exemple, m'avait montré une vidéo où il préparait un appartement pour moi, à Béziers, en disant qu'on pourrait « fuguer ensemble ». Cette proposition m'a bouleversée. Je venais de sortir d'une séquestration, et entendre cela me donnait l'impression d'être encore un objet qu'on se refilait, une chose qu'on voulait contrôler. J'ai coupé contact avec lui, déçue et blessée.

Le quotidien au foyer était dur… Violent… Dès le matin, les cris résonnaient dans les couloirs. Les disputes éclataient pour tout et n'importe quoi : un bout de pain, une couverture empruntée sans permission, ou même un regard mal interprété. Les petits déjeuners étaient particulièrement bruyants, avec des filles qui se chamaillaient ou s'accusaient de vol. Moi, je restais en retrait, essayant d'éviter les conflits. Certaines filles allaient jusqu'à se battre pour un paquet de chips ou une barre chocolatée. Au bout de trois semaines, j'ai senti les prémices d'une accalmie. L'une des filles, Gregoria, a fait une demande pour que je rejoigne sa chambre. C'était un soulagement, un pas vers un peu plus de normalité. Gregoria, catholique fervente, était très attentionnée à mon égard. Elle m'a même laissé son lit.

Elle avait une douceur naturelle, une curiosité pour les textes religieux qui l'animait. Elle adorait parler de la Bible et de la Torah, et ces discussions m'apportaient un réconfort inattendu. Elle m'a même laissé son lit, préférant dormir par terre pour que je sois plus à l'aise. Sa générosité m'a touchée profondément. La générosité… C'était le seul cadeau que l'on pouvait s'offrir…

Il y avait aussi Daniella, une grande femme de 1,80 m, enceinte de cinq mois. Elle imposait le respect par sa stature, mais derrière son apparente force, je voyais sa vulnérabilité. Elle me rappelait ma sœur, ce qui créait en moi un mélange d'affection et de tristesse. Daniella avait cette manière brute mais sincère d'interagir, et elle m'a beaucoup appris sur la solidarité entre filles dans ce genre d'endroit. Puis il y avait la Russe… Je ne me souviens plus de son prénom et pourtant, cette jeune fille aux longs cheveux magnifiques, blessée par un passé tragique m'a marquée. Son père, en Russie, avait étranglé sa tante sous ses yeux. Ici, elle formait un couple avec Quentin, un garçon du foyer voisin. Quentin avait massacré son beau-père, un homme violent qui battait sa mère. Leur relation était intense, presque dramatique, mais elle était aussi une source de stabilité pour eux. Quentin me rappelait mon frère Samuel, ce qui me poussait à garder mes distances, par peur de revivre certains schémas.

Les disputes étaient monnaie courante. L'une des plus fréquentes concernait les relations avec le foyer des garçons. Ces liens, souvent marqués par des histoires d'amour compliquées ou des jalousies, ajoutaient une couche supplémentaire de chaos. Quentin, par exemple, voulait fuguer pour retrouver Tonnerre et se venger. Je me retrouvais souvent au milieu de ces histoires, tentant de calmer les esprits. « Prenez une chaise, asseyez-vous, et parlez calmement, » disais-je souvent. J'avais pris, malgré moi, un rôle de grande sœur dans le foyer. Les filles venaient me voir pour se confier, ou pour trouver des solutions à leurs conflits. Elles trouvaient n'importe quel prétexte pour exprimer leur violence intérieure. Même quand elles riaient entre elles,

elles se donnaient des coups d'une force impressionnante… Alors cela dégénérait… Et je les calmais…

Le week-end, on avait le droit de regarder la télé. C'était l'un des rares moments où les tensions semblaient s'apaiser. Les filles s'installaient sur les canapés ou par terre, partageant un paquet de chips ou une cigarette. Ces instants de calme étaient précieux, une bouffée d'air dans un environnement souvent oppressant.

Les nuits étaient les plus difficiles. Mes terreurs nocturnes se sont aggravées. Je revivais les moments les plus sombres de ma séquestration, toujours les mains de Tonnerre autour de mon cou, les insultes, les coups. Je me réveillais en sursaut, hurlant, en sueur. Les filles, malgré leurs propres blessures, faisaient tout pour m'aider. Certaines se levaient pour me rassurer, d'autres restaient éveillées pour veiller sur moi. Leur solidarité m'a profondément émue. Ces gestes simples, ces petites attentions, m'ont donné une force que je ne pensais plus avoir.

Et puis j'ai commencé à fumer des joints. Évidemment, c'était une mauvaise idée. On m'avait dit que ça aidait à ne plus rêver, à éteindre les cauchemars. Tout le monde fumait, pour oublier, pour passer le temps, pour tenir le coup, pour s'accrocher à quelque chose. Tout était question de survie au foyer. Ce n'était pas un endroit fait pour guérir, mais bel et bien pour survivre. Malgré tout, les filles, avec leurs histoires et leurs luttes, m'ont apporté un soutien que je n'aurais jamais imaginé. Ces liens, bien que fragiles, ont été des points d'ancrage dans ma tempête. Elles m'ont appris que même dans le chaos, il était possible de trouver des moments de répit, de chaleur. Et pour cela, je leur serai toujours reconnaissante.

Nous étions devenues une petite famille en trois mois. Et justement, les « trois mois » dont m'avait parlé Karim étaient passés. Je devais me préparer à partir. Dès le lendemain, j'ai dû aller visiter le foyer de Sainte-Croix à Paris. Malgré l'horreur de ce que j'y ai vu, je n'ai pas eu le choix, il allait devenir mon nouveau toit et je devais quitter ma nouvelle famille. Pour ma dernière nuit à Cergy, nous n'avons pas dormi. Avec leur propre argent, les filles m'ont préparé un repas de Shabbat, elles sont allées m'acheter un poulet pour me préparer un joli repas. J'aimerais qu'elles sachent aujourd'hui qu'il m'arrive régulièrement de feuilleter le carnet qu'elles m'avaient offert à ma sortie d'hôpital. C'était un déchirement de les quitter. Dès que je construisais un lien quelconque, il me fallait le rompre, comme si je n'avais pas droit de m'attacher. J'avais traversé le chaos avec elles… Ce qui m'attendait était bien pire.

12

CHAMBRE 201

Foyer Avril de Sainte-Croix, Paris, été 2016

J'ai tenté de me consoler en me disant que c'était une bonne chose que je revienne à Paris, je sentais à nouveau les vibrations de ma ville. Cette idée m'a quittée en à peine quelques secondes. Cet endroit, c'était l'horreur.

Quand j'ai franchi les grilles, mon souffle s'est coupé : que faisais-je ici, seule, loin de mes repères, de mes amies du foyer précédent ? Ma vie allait-elle vraiment recommencer ? L'infime espoir que j'avais a vacillé dès l'instant où j'ai ouvert la porte principale. Un rat énorme a traversé le couloir sous mes yeux, comme une ombre vivante annonçant la couleur de ce lieu. Les murs étaient décrépis, les néons grésillaient au plafond, projetant une lumière froide et impersonnelle. L'odeur, un mélange de renfermé, de produits d'entretien et de nourriture passée, me piquait les narines. C'était comme entrer dans un lieu abandonné, où la vie semblait avoir été aspirée pour ne laisser que les cris, la violence et la souffrance.

Le fonctionnement du foyer était strict, presque carcéral. Chaque fille avait des tâches ménagères assignées à tour de rôle, et celles-ci étaient surveillées de près. La moindre entorse aux règles était sanctionnée par des retenues sur notre argent de poche ou des interdictions de sortie. Mon premier jour, on m'a confié le nettoyage des toilettes et des salles de bains communes. C'était une épreuve. Ces lieux, utilisés par vingt-quatre filles, étaient dans un état déplorable. Les tampons usagés, les traces de sang sur les murs, les flaques d'eau stagnante sur le sol : tout semblait être laissé à l'abandon.

Un jour, en poussant la porte de la salle de bains, j'ai découvert une énorme déjection humaine au milieu du carrelage. J'ai refusé de nettoyer, dégoûtée et en colère. La réponse des éducateurs a été simple : ils ont retenu de mon maigre argent de poche la somme prévue pour mon hygiène personnelle. Cette injustice, cette humiliation étaient récurrentes. Les 50 euros que nous recevions chaque mois pour nos dépenses étaient régulièrement amputés sous divers prétextes : une tâche mal faite, une insubordination supposée, ou simplement un caprice de l'administration.

La nourriture, elle, était à peine meilleure que ce que je nettoyais. Des pâtes trempant dans une eau grasse, des purées immondes. Et des flageolets. Tout le temps des flageolets, à peine chauds. Je ne peux plus les voir en peinture. Les morceaux de viande étaient si rares qu'ils relevaient du luxe Lorsqu'il y en avait, ils étaient caoutchouteux, d'une teinte grisâtre qui donnait la nausée. Et encore, il fallait souvent se battre pour manger. À table, les filles les plus nombreuses, souvent regroupées par affinités ethniques, prenaient les meilleures parts et n'hésitaient pas à cracher dans les plats pour dissuader les autres de se servir. Ces repas étaient un champ de bataille quotidien, et j'en ressortais souvent avec la faim au ventre. La sensation extrême de faim, je n'oublierai jamais. Elle était une compagne constante au foyer Sainte-Croix. Chaque repas insuffisant laissait dans mon ventre un vide douloureux, un creux qui semblait aspirer toute mon énergie. C'était plus qu'un simple manque, mais plutôt une douleur lancinante, un tiraillement qui s'étendait de l'estomac jusqu'aux côtes, comme si mon corps s'effondrait sur lui-même. Parfois, le soir, en m'allongeant dans mon lit, ce vide se transformait en crampes, des spasmes qui me pliaient en deux. La faim me tenait éveillée, me grignotant de l'intérieur. Ici, la nourriture était insipide, fade, à peine comestible. Pourtant, même ce peu devenait précieux, et je me surprenais parfois à rêver de ces pâtes molles ou de ce riz froid que je détestais quelques heures plus tôt. Ce n'était pas seulement mon estomac qui souffrait, c'était tout mon corps : mes jambes tremblaient, mes mains perdaient leur force, et ma tête tournait dès que je faisais le moindre effort.

Je ne disais rien, je me plaignais peu. Je n'ai parlé à personne pendant six mois. Ce qui m'a valu une « chance » inhabituelle : on m'a très vite attribué une chambre individuelle. C'était une exception, car les nouvelles arrivantes devaient normalement partager une chambre afin que l'on puisse évaluer leur capacité à cohabiter. Mais les éducateurs, impressionnés par mon calme apparent, ont jugé que j'étais « responsable » et que j'avais besoin d'être seule. La chambre 201 est vite devenue mon sanctuaire, six mètres carrés d'intimité. Je gardais tout impeccable, presque obsessionnellement, pour éviter toute critique. Mais même ici, je n'étais pas à l'abri. Une nuit, alors que je fumais une cigarette près de la fenêtre, un éducateur a fait irruption sans prévenir. « Éteins ta clope, » a-t-il ordonné. « C'est mon espace, » ai-je répliqué. Mais il a lancé un verre près de moi, le brisant contre le mur pour m'impressionner. J'ai littéralement pété les plombs. C'était mon espace, mon refuge, et même ici, je ne pouvais pas être en paix. Je lui ai sauté dessus, nous nous sommes retrouvés front contre front, je lui adressais mon regard le plus noir. Trois semaines plus tard, il n'était plus là, il avait déjà eu plein d'histoires de ce type.

Les éducateurs, censés être nos guides et nos soutiens, étaient souvent des figures de mépris et de froideur. Je me souviens de A., un métis aux cheveux bouclés, il avait une manière condescendante de parler, comme si nous étions incapables de comprendre la moindre consigne. Il y avait aussi J., avec son regard fuyant et son attitude distante, il donnait l'impression qu'il détestait être là. Cela ne me posait pas forcément de souci, car ma confiance en les hommes était presque inexistante. J'ai alors voulu me tourner vers les femmes. Le jour de l'anniversaire de la mort de maman, j'étais au plus mal, je voulais juste parler ou obtenir un minimum d'affection. Je suis alors allée voir C., une femme russe plutôt âgée, je lui ai dit que j'aurais aimé avoir un câlin, une main sur l'épaule, je lui ai même demandé plusieurs fois : « Je ne suis pas ta mère », me répétait-elle sans cesse. Elle refusait tout contact physique et chacun de ses mots était chargé d'une froideur qui me glaçait. Quant à la directrice, elle était immonde et puait le vin du matin au soir. Cependant, quelques éducateurs se distinguaient par leur bienveillance. L'éducateur de nuit, par exemple, avait une manière rassurante de parler. Il m'appelait parfois pour discuter, pour me rappeler que, malgré tout, je n'étais pas complètement seule. Et puis il y avait les deux Aurélie, que j'appréciais. L'une d'elles m'appelait Pikachu : toute petite mais un vrai tonnerre en elle. Le Tonnerre me poursuivait décidément… J'avais aussi quelques échanges bien plus tendres avec la femme de ménage et la femme de cuisine, des femmes qui souriaient et qui disaient bonjour. Mais ces moments étaient rares, noyés dans un océan d'indifférence.

J'ai fini par nouer quelques liens avec certaines filles, celles que j'avais envie de protéger comme une grande sœur. J'avais toujours davantage mal pour les autres que pour moi. J'avais la sensation que je pouvais tout encaisser et je préférais que la violence s'abatte sur moi plutôt que sur les plus jeunes. Car oui, la violence au foyer était omniprésente. Par crainte d'être attaquée, je fermais ma chambre à clé. C'est pourtant arrivé cette fameuse nuit. Ça non plus, je ne l'oublierai jamais.

C'était une nuit comme une autre, ou presque. Le silence relatif du foyer à cette heure tardive était seulement troublé par quelques murmures, des rires étouffés et le grincement des lits dans les chambres voisines. Je me tenais debout près de la fenêtre de ma chambre, une cigarette entre les doigts. Fumer était l'un des rares plaisirs que je m'autorisais dans cet endroit. La fenêtre ouverte laissait entrer un air frais, presque glacé, qui contrastait avec l'atmosphère étouffante de ma chambre. Ce moment de solitude était précieux, un instant où je pouvais me sentir un peu libre, même dans ces quatre murs.

C'est alors que j'ai entendu des voix venant du bas. Des filles étaient dans la cour, elles m'ont interpellée pour avoir mon briquet. Je n'avais pas envie de descendre, ni de leur parler. Ma journée avait été lourde, et je voulais juste qu'on me laisse tranquille. Alors, dans un geste presque mécanique, j'ai attrapé mon briquet et l'ai jeté par la fenêtre. Il est tombé à leurs pieds, rebondissant légèrement sur le sol. Je n'y ai pas pensé une seconde de plus, retournant à ma cigarette, le regard perdu dans la nuit. Quelques instants plus tard, j'ai entendu des cris. Les voix s'étaient amplifiées, chargées de colère. « C'est quoi ce manque de respect ? » hurlait l'une d'elles. Je ne comprenais pas ce qu'il se passait. Je n'avais rien dit, rien fait de mal. Mais ces filles avaient interprété mon geste comme une provocation, une insulte. Le bruit de leurs pas précipités montant les escaliers m'a glacée. Je savais que quelque chose de terrible allait arriver. Elles tambourinaient à ma porte, la secouant violemment. « Ouvre, sale pute ! » criait l'une. « On va te montrer ce que c'est, le respect ! » Une autre martelait la porte de coups de pied, si fort que les vibrations faisaient trembler les murs. Mon cœur battait à tout rompre, et je reculais lentement, mes jambes flageolantes. Je voulais crier, appeler à l'aide, mais ma voix restait coincée dans ma gorge. Par chance, ma porte était fermée à clé. Les cris s'intensifiaient, mêlés aux coups incessants. Et c'est là que j'ai entendu une autre voix, plus calme, celle d'un éducateur. « Laissez, disait-il. J'ai la clé. » Mon sang s'est glacé. Non, il n'allait tout de même pas leur ouvrir ? Mais avant que je puisse réagir, le cliquetis de la serrure a retenti.

La porte s'est ouverte avec fracas, et une marée de filles a envahi ma chambre. Elles étaient cinq ou six, toutes enragées, prêtes à en découdre. L'une d'elles m'a attrapée par les cheveux, me tirant brutalement vers le sol. Avant que je ne puisse me défendre, j'étais devenue leur cible, un exutoire pour leur rage collective. Je tentais de me protéger en repliant mes bras sur ma tête. Elles m'ont poussée contre le mur, mes genoux heurtant violemment le sol. « Tu te prends pour qui, hein ? » a hurlé l'une d'elles. Les autres riaient, comme si cette scène était un divertissement. Entre deux coups, j'ai aperçu le veilleur de nuit qui avait ouvert la porte, ce qui était formellement interdit.

Il se tenait là, dans l'encadrement, impassible, comme s'il regardait une scène ordinaire. Il n'a pas levé le petit doigt pour intervenir, pas dit un mot pour arrêter cette folie. Ce silence, cette inaction m'ont brisée autant que les coups. Il était censé être une figure d'autorité, quelqu'un chargé de nous protéger.

Mais là, il se contentait de regarder, comme si je méritais ce qui m'arrivait.

C'est Giuliana, ma petite sœur de cœur dans ce chaos, qui a finalement mis un terme à l'agression. Nous avons poussé de toutes nos forces la meute en dehors de la chambre et avons réussi à fermer enfin cette porte.

Quand le silence est revenu, j'étais prostrée par terre, tremblante, en larmes, incapable de bouger.

Mon esprit était encore plus brisé qu'avant. La confiance que j'avais en les autres, déjà si fragile, avait été pulvérisée. Évidemment, aucun rapport de l'Aide Sociale à l'enfance n'a mentionné quelconque violence ou agression dans mon dossier. Ils ont fait comme si rien ne s'était passé. Comme les filles le lendemain d'ailleurs.

Cette nuit-là, je me suis juré de ne plus jamais faire confiance à personne ici. Et s'il le fallait, je donnerais désormais les premiers coups.

13

VIOLENCE, HUMILIATION ET CHAOS

22 novembre 2016

Rapport de l'ASE : « Selon nous, le placement est protecteur en le sens qu'il permettrait à cette jeune fille de vivre des expériences relationnelles autres que le rejet, la fusion, le clivage... mais également de se confronter à un lien sécure. »

Le lendemain, mon corps portait les marques de l'agression : des bleus sur mes bras, mes jambes, et un énorme hématome sur mes côtes. Chaque mouvement était une torture, chaque respiration, un rappel de ce qui s'était passé. Mais le pire, c'étaient les regards des autres filles, celles qui avaient participé ou simplement regardé. Il y avait de la satisfaction dans leurs yeux, comme si elles avaient remporté une victoire. Et pourtant... Au bout de quelques jours, elles sont devenues sympathiques avec moi ! C'est comme ça que cela fonctionnait ici. Et puis, il y avait l'éducateur, celui qui avait ouvert la porte. Chaque fois que je le croisais, je sentais monter en moi une haine que je n'arrivais pas à contenir. Cette nuit-là a été un tournant. Je n'étais plus seulement docile et effacée. Quelque chose en moi s'était brisé pour de bon. La violence que j'avais toujours subie, que je fuyais, commençait à prendre racine en moi. Je ne voulais plus être une victime, mais je ne savais pas non plus comment être autre chose. Sainte-Croix, censé être un lieu de reconstruction, était en train de me transformer en une version de moi-même que je ne reconnaissais pas. Et cela, je savais que je ne pourrais jamais le pardonner. Ma haine s'apprêtait à sortir.

Un jour, peu après mon arrivée au foyer Sainte-Croix, Alicia est entrée dans ma vie comme une bourrasque imprévisible. Elle avait été placée dans la chambre 202, juste à côté de la mienne et, dès le départ, son attitude m'avait semblé provocante, presque méprisante. Ce n'était qu'une question de linge à l'origine, une dispute qui aurait pu être insignifiante dans un autre contexte. J'avais laissé mes vêtements sécher dans la buanderie commune, et quand je suis descendue les récupérer, ils avaient disparu. Je savais que c'était elle. Tout le monde le savait, mais personne ne disait rien. Quand je l'ai confrontée, espérant une explication ou des excuses, sa réponse a été un coup de poignard. « Va voir dans les poubelles en bas, peut-être qu'ils y sont, » a-t-elle lancé avec un sourire moqueur. Cette phrase a résonné en moi comme une insulte, une provocation qui me ramenait à toutes les humiliations que j'avais subies avant d'arriver ici. Mon sang n'a fait qu'un tour, mais sur le moment, je n'ai rien fait. J'ai avalé ma colère et je suis retournée dans ma chambre, le cœur en feu. Pendant deux jours, je n'ai rien dit, rien fait. Mais dans ma tête, je mûrissais ma réponse. Je savais que si je ne faisais rien, cela deviendrait une habitude. Ici, la faiblesse était un ticket direct pour devenir la cible de toutes les humiliations. J'avais vu comment les filles s'acharnaient sur celles qui n'osaient pas se défendre. Mais je ne voulais pas reproduire mes erreurs passées avec Tonnerre, cette violence impulsive et débridée qui m'avait détruite. Si je devais agir, il fallait que ce soit réfléchi, calculé, un message clair que je ne serais pas une proie facile. La nuit suivante, alors que tout le monde dormait, je me suis rendue dans la buanderie. J'y avais repéré une barre de fer, probablement un morceau cassé d'un étendoir à linge. Je l'ai prise en main, son poids froid et métallique renforçant ma résolution. Je suis remontée silencieusement, mon cœur battant à tout rompre. Mon corps tout entier tremblait, pas de peur, mais d'un mélange explosif de rage et d'adrénaline. Quand je suis arrivée devant la porte de la chambre d'Alicia, tout semblait flou, comme si mes émotions prenaient le dessus sur ma perception du monde.

Je suis entrée et l'ai vue allongée, paisible, dans son lit. Pendant une fraction de seconde, j'ai hésité. Mais la colère a balayé ce doute. Je devais marquer le coup, lui montrer qu'avec moi, les choses ne se passeraient pas comme ça. Je l'ai frappée avec la barre, un coup, puis un autre. Pas sur le visage, pas pour blesser gravement, mais assez pour qu'elle comprenne. Les bruits des coups ont résonné dans la pièce, réveillant quelques filles qui ont aussitôt fermé leurs portes, préférant ne pas intervenir. Ce moment de violence ne m'a pas apporté le soulagement que j'espérais. Au contraire, je me suis sentie vidée, presque coupable. Mais je savais que dans ce lieu, dans cette jungle, c'était parfois la seule manière de survivre. Deux jours plus tard, Alicia s'est vengée. Elle et quelques autres filles m'ont attrapée dans un couloir, m'ont immobilisée, et l'une d'elles a coupé une mèche de mes cheveux. C'était leur façon de répondre, un avertissement silencieux mais puissant.

Contre toute attente, après cet épisode, Alicia et moi avons fini par nous rapprocher. Il n'y avait pas de rancune, pas de haine durable. Ici, au foyer, la violence faisait partie du quotidien, presque comme un langage universel. Nous nous aimions et nous détestions à la fois, capables de nous déchirer un jour et de nous allier le lendemain contre un éducateur ou une autre fille. C'était une relation étrange, tissée dans le chaos, où les conflits ne détruisaient pas les liens, mais les redéfinissaient constamment. Alicia était devenue une amie, mais aussi un rappel constant de ce que j'étais obligée de devenir pour survivre ici. Cela fonctionnait toujours de cette manière, là-bas. Nous nous aimions bien, mais nous avions aussi le droit de nous faire du mal entre nous.

Chaque jour, de nouvelles tensions éclataient. Les filles se disputaient pour des vêtements empruntés, des cigarettes, ou même un mot de travers. La moindre étincelle suffisait à déclencher une explosion. J'avais appris à marcher sur des œufs, à éviter les conflits autant que possible. Mais j'avais bien compris aussi que l'effacement ne suffisait pas, alors je me suis mise à participer davantage aux discussions, à me fondre dans cette violence constante. C'était le jeu, ici.

Est arrivé un certain mois de novembre où l'on s'est adressé à moi en me souhaitant un bon anniversaire. Je n'y comprenais rien, je suis née en juillet. On m'a alors expliqué qu'ici, cela se passait comme ça, on ne fêtait les anniversaires que deux fois par an, peu importe le mois de naissance. Les « heureux élus » avaient droit de choisir un cadeau d'une valeur de 30 euros maximum dans une liste. Encore une mascarade, un moyen de nous déshumaniser. J'ai eu un livre en cadeau, je me souviens de sa couverture noire avec le dessin d'une petite fille jouant avec un ballon. Je ne l'ai même pas touché tant je trouvais cela ridicule.

Et puis il y a eu les fêtes de Noël, un moment particulièrement difficile. La plupart des filles rentraient chez elles, moi, j'étais la seule orpheline. Le soir du réveillon, je suis descendue pour le dîner, c'était le seul soir de l'année où l'on mangeait quelque chose de convenable, des crevettes et parfois du foie gras. J'étais vêtue d'un crop top que j'aimais beaucoup. Mme L., la directrice, ivre comme à son habitude, m'a interceptée dans le couloir. « C'est quoi cette tenue ? » a-t-elle crié, avant d'arracher mon haut et de me déshabiller dans le couloir, devant tout le monde. J'étais en larmes. Je suis remontée dans ma chambre, refusant de participer au dîner. Ce Noël, comme tous les autres, n'était qu'un rappel cruel de ce que j'avais perdu. Et les humiliations constantes ont réveillé une rage que je ne contrôlais pas. Je me suis mise à répliquer, à rendre coup pour coup, verbalement et physiquement.

Sainte-Croix n'était pas un foyer, mais une prison déguisée. Un endroit où la survie passait avant tout, où chaque jour était une lutte pour conserver un semblant de dignité. Pourtant, au milieu de cet enfer, j'ai appris une leçon amère : je ne pouvais compter que sur moi-même. Et cette leçon, aussi douloureuse soit-elle, allait m'accompagner longtemps.

On avait droit à 50 euros par mois d'argent de poche ainsi qu'à 30 euros pour l'hygiène (brosses à dents ou serviettes), ces achats devaient être justifiés par les tickets de caisse, sinon ils étaient déduits de l'argent de poche. L'argent venait de l'État et si un certain mois, toutes les filles avaient raflé l'argent pour l'hygiène, il n'y en avait plus pour les autres. Quant à l'argent de poche, on nous en enlevait pour un oui ou pour un non. Je n'arrivais pas à comprendre ce système. On nous disait que s'il restait un peu d'argent il serait destiné à faire des activités, mais nous n'en avons jamais vu la couleur. C'est alors qu'avec quelques filles, nous avons décidé d'espionner l'éducateur dans le bureau. Nous l'avons vu ouvrir une sorte de boîte, elle était remplie de billets. Nous avons tout compris, l'argent du ménage n'était jamais redistribué ou destiné à des activités. Mais les liasses, elles, étaient bien là.

J'ai intégré très vite, au cœur du chaos du foyer Sainte-Croix, que je ne pouvais compter que sur moi-même. Personne n'allait venir m'aider. Les éducateurs ? Ils se contentaient de distribuer des tâches, de nous surveiller comme des prisonnières, et de couper nos maigres allocations au moindre prétexte. Ces fameux 50 euros d'argent de poche par mois, censés nous donner un minimum de liberté, disparaissaient pour des broutilles. Une tâche mal faite ? Déduit. Un retard ? Déduit. Et pour les 30 euros réservés à l'hygiène, il fallait présenter des tickets de caisse. Une fois, j'avais oublié de les rendre, et ce mois-là, je n'ai pas pu acheter une simple brosse à dents. Je me suis retrouvée sans rien. À ce moment-là, j'ai compris : je devais me débrouiller seule.

Alors, je me suis tournée vers ce que j'avais toujours trouvé fascinant : le modeling. C'était un monde que je ne connaissais qu'à travers des photos et des vidéos, mais il m'attirait. Je me suis dit que, peut-être, je pourrais m'y faire une place. Les débuts ont été modestes : des shootings amateurs, souvent pour des marques de maquillage locales ou des projets d'apprentis photographes. Ils ne me payaient pas toujours en argent, parfois en produits, mais chaque shooting était une victoire. Je posais pour des photos, et pour une fois, je me sentais vue, mais surtout, je me sentais en contrôle de mon image. Ce n'était pas quelqu'un d'autre qui me définissait, c'était moi.

Quand je rentrais au foyer après une séance, le visage encore marqué par les paillettes ou les couleurs vives du maquillage, certaines filles venaient immédiatement me voir. Elles étaient fascinées. « Comment tu fais pour trouver des shootings ? »,

« Tu penses que je pourrais poser, moi aussi ? » Je me laissais parfois prendre au jeu. J'adorais les maquiller, transformer leur visage, leur montrer comment poser devant un miroir. C'étaient des moments rares où je pouvais oublier l'atmosphère lourde et hostile du foyer. Pendant quelques instants, nous étions juste des filles partageant un rêve, loin de la violence et des conflits qui régnaient ici.

Mais évidemment, ce que je faisais n'était pas bien vu. Les éducateurs associaient tout ce qui touchait au modeling à la prostitution. « Tu crois vraiment que poser va te mener quelque part ? Tu finiras comme toutes les autres, à vendre ton corps, » m'a dit un jour l'un d'eux. J'aurais aimé leur répondre, leur expliquer que ce n'était pas ça, que je voulais juste m'en sortir. Mais à quoi bon ? Ils ne comprenaient pas. Ils ne voulaient pas comprendre. Pour eux, si je ne suivais pas le chemin qu'ils avaient tracé – études ou petits boulots médiocres –, c'est que je faisais forcément quelque chose de mal.

Même au sein du foyer, tout le monde n'était pas bienveillant. Certaines filles me soutenaient, me demandaient des conseils pour se lancer elles aussi, mais d'autres étaient jalouses. L'une d'elles a un jour balancé : « Si elle réussit, c'est parce qu'elle est juive. » Ce genre de remarque me blessait profondément, même si je faisais tout pour ne rien montrer. À force, j'avais appris à riposter avec des mots qui faisaient mal, mais au fond, je me demandais pourquoi mes rêves devaient toujours être jugés, salis. Pourquoi vouloir s'en sortir dérangeait autant ?

Malgré tout, je ne me laissais pas abattre. J'économisais chaque centime que je gagnais lors de mes shootings pour m'acheter des vêtements ou payer mes trajets en bus vers d'autres séances photo. Ce n'était pas grand-chose, mais c'était à moi, et personne ne pouvait me l'enlever. Le modeling m'a donné plus que de l'argent : il m'a donné une raison de me lever chaque matin, une manière de reprendre le contrôle de ma vie. Quand je posais devant un appareil photo, j'étais quelqu'un d'autre. Je n'étais plus la fille brisée, placée dans un foyer. J'étais une femme en devenir, quelqu'un qui se battait pour exister.

Les éducateurs pouvaient bien penser ce qu'ils voulaient, je n'en avais plus rien à faire. Ce que je faisais, je le faisais pour moi, et ça me donnait une force qu'ils ne pouvaient pas comprendre. Chaque shooting, chaque maquillage, chaque sourire échangé avec une fille que j'aidais à poser renforçait ma détermination. Dans ce monde qui m'avait si souvent rejetée, je commençais à trouver ma place. Et ça, personne ne pourrait me l'enlever.

14

LE RETOUR DE LA FOUDRE

On dit que la foudre ne frappe jamais deux fois au même endroit, je peux vous assurer du contraire dans les lignes qui vont suivre.

La vie au foyer commençait à ressembler à un fragile équilibre. Entre les castings, les shootings et mes rêves de mannequinat, je m'accrochais à l'espoir de reprendre le contrôle de ma vie. Pourtant, au fond de moi, je savais que cet espoir était précaire. Mon passé avait une manière insidieuse de refaire surface, comme une ombre impossible à fuir. Et cette fois encore, c'est Tonnerre qui est revenu me hanter.

Je pensais l'avoir définitivement laissé derrière moi. Lui et ma sœur. Puis, un jour, un éducateur du foyer a « maladroitement » informé Samantha de l'endroit où je me trouvais, il était pourtant parfaitement au courant de sa toxicité sur moi. Elle n'a pas hésité une seconde à partager cette information avec Tonnerre. Il m'a envoyé un message. Franco, le père de Samantha, était gravement malade et avait besoin de moi pour s'occuper de lui. Il était donc bel et bien plongé dans la vie de ma prétendue famille. Et il en savait plus que moi.

J'aurais dû l'ignorer. Tout en moi criait que répondre à cet appel me replongerait dans un enfer dont je n'étais jamais totalement sortie. Mais, une fois encore, Franco avait été ma seule figure paternelle, et malgré tout ce qu'il s'était passé, je ne pouvais pas me résoudre à l'abandonner.

Pourquoi ? C'est la question que je me pose encore aujourd'hui. Pourquoi cette loyauté envers des personnes qui m'avaient brisée encore et encore ? Était-ce l'espoir irrationnel de retrouver un semblant de famille ? Ou simplement la peur d'être totalement seule ? Je n'ai jamais trouvé de réponse claire. Mais, ce jour-là, j'ai fait ce que je savais être une erreur : je suis retournée à l'appartement.

Quand j'ai franchi le seuil de l'appartement, rien n'avait changé, l'atmosphère m'a immédiatement semblé oppressante. Samantha et Tonnerre étaient là. Leurs regards me scrutaient, froids et distants. Je refusais de leur parler, évitant soigneusement toute interaction. Pourtant, malgré cette tension palpable, je suis revenue régulièrement. Et de plus en plus souvent. J'étais là pour Franco, me disais-je, mais au fond, c'était plus compliqué que cela. J'imagine que vous devez me prendre pour une folle. Une part de moi, inexplicablement, semblait incapable de couper définitivement le lien avec Tonnerre. C'est comme si, malgré toutes les violences, une partie de moi restait attachée à lui. Certains appellent cela **le** syndrome de Stockholm : cette étrange connexion émotionnelle qui se forme entre la victime et son bourreau. Je ne voulais pas l'admettre, mais c'était peut-être la vérité. Tonnerre avait manipulé mon esprit, brouillé les frontières entre amour et souffrance, entre haine et dépendance. J'étais prise au piège.

Son frère et lui avaient désormais le monopole et le contrôle sur ma famille. Samantha leur avait ouvert les vannes en étant en couple avec son grand frère. Ce dernier a d'ailleurs surgi dans l'appartement un jour. Il m'a vue et a dit « Qu'est-ce qu'elle fout là, elle ? ». Ils m'ont aussitôt mise à la porte. Plus tard, alors que je m'occupais de Franco, Tonnerre s'est à son tour approché de moi, il m'a craché dessus. Franco, témoin de la scène, est resté impassible. Il a détourné le regard en faisant une simple moue, comme si cela ne le concernait pas. Ce silence m'a glacée. Comment pouvait-il laisser une telle chose se produire sous ses yeux ? Je me demande cela avec le recul car sur le coup, cela me paraissait presque normal.

Les violences, qu'elles soient verbales ou physiques, sont rapidement redevenues monnaie courante. Tonnerre ne cessait de me rabaisser, de me hurler dessus avec une cruauté sans limites. « Grosse pute », « T'as même tué ta mère, espèce de salope… » Chaque insulte était un coup de poignard. Et pourtant, je restais. Pourquoi ? Parce qu'au milieu de cette brutalité, il savait distiller de rares moments où il semblait presque humain. Des moments où il s'excusait, où il me faisait croire qu'il m'aimait, qu'il avait besoin de moi.

Ces rares instants de répit suffisaient à alimenter l'espoir irrationnel qu'il pouvait changer. Je me disais que si je faisais les choses différemment, peut-être que tout irait mieux. C'était un mensonge, une illusion qu'il entretenait pour mieux me contrôler.

Avec Tonnerre, j'avais l'impression d'être prise dans une guerre contre le monde entier. C'était lui et moi, contre tous. Cette idée, bien qu'absurde, avait une certaine beauté tragique à mes yeux. Nous partagions notre souffrance, nous étions liés par nos blessures. Mais en réalité, il n'y avait rien de beau dans cette relation. C'était un cycle de destruction mutuelle.

Je dépérissais. Je mangeais à peine, donnant l'argent que je gagnais lors de mes shootings à Tonnerre pour qu'il puisse payer son essence ou ses autres besoins. Un jour, après des semaines de privation, j'ai fait un malaise en plein supermarché. Je n'avais pas de quoi acheter à manger et même si j'en avais, je ne l'aurais pas fait, je voulais avoir faim comme pour me punir de quelque chose. Pourtant, ce jour-là, j'aurais dû comprendre que je ne pouvais pas continuer ainsi. Mais, encore une fois, je retournais vers lui.

Tonnerre avait une manière effrayante de jouer avec mon esprit. Il me faisait croire qu'il avait des problèmes cardiaques, que son cœur s'accélérait dangereusement chaque fois qu'il me frappait. Après m'avoir battue, il se présentait comme une victime, me demandant de prendre soin de lui. C'était faux, bien sûr. Mais à l'époque, je ne le savais pas. Je me sentais responsable de lui, convaincue que c'était mon rôle de l'aider.

Il me contrôlait aussi par la peur. Il avait installé un traceur sur mon téléphone, lui permettant de voir tous mes messages, ma localisation, tout ce que je faisais. Même lorsque j'étais loin de lui, il trouvait un moyen de s'immiscer dans ma vie, de me rappeler que je ne pouvais pas lui échapper. Il m'accompagnait lors de toutes mes missions professionnelles. Lorsque je devais être payée en vêtements, c'est lui qui se servait, notamment quand il avait besoin d'une doudoune en plein hiver. Sa jalousie faisait aussi des ravages sur les plateaux ou dans les studios. Il lui arrivait régulièrement de casser la figure à des collègues me regardant de trop près. J'ai perdu de nombreux contrats à cause de sa violence.

Je n'étais plus rien à nouveau. Je perdais tout au fil des semaines, mon travail, mon physique, ma dignité et mes valeurs. Je fuguais du foyer pour le retrouver dans sa voiture et dormir sur des parkings. Nous ne pouvions pas aller chez lui pour que Samantha profite tranquillement de ses soirées de jambes en l'air avec son frère. Elle leur payait absolument tout, alors ils faisaient tout ce qu'elle demandait. Mes alliées du foyer voyaient que j'étais en train de tomber. Elles voulaient m'empêcher de le revoir mais il restait là, posté devant les grilles jusqu'à ce que je parte avec lui. Un jour, après m'avoir frappée une énième fois, il m'attendait devant avec une rose. Mon amie, inquiète, était dehors avec moi et a voulu prévenir en urgence l'un des éducateurs. Elle a subi sa foudre. Il l'a frappée, elle est tombée au sol et il m'a aussitôt engouffrée dans sa voiture, c'était trop tard. La directrice du foyer s'est alors mise à m'accuser de mettre les autres pensionnaires en danger. Elle m'a menacée de me virer et de m'envoyer dans un foyer mixte. J'avais une peur bleue de dormir auprès d'hommes. Tout mais pas ça, j'y pensais tout le temps. Alors j'acceptais à chaque fois de fuguer avec Tonnerre pour ne pas me faire renvoyer. Je n'en pouvais plus, j'étais l'ombre de moi-même.

Lorsque l'on fuguait du foyer, personne ne nous cherchait. La seule conséquence était un rapport adressé à la Brigade des mineurs, une ligne de plus dans notre rapport. Que nous soyons en danger en pas, personne n'en avait rien à faire.

L'été approchait, et avec lui, les fermetures temporaires des foyers. Comme chaque année, les jeunes hébergés étaient dispatchés à droite et à gauche : familles d'accueil, foyers pour jeunes travailleurs ou colonies de vacances. Cette année, une colonie en Corse avait été proposée. Rien qu'à l'idée de m'évader là-bas, je ressentais un souffle d'espoir. J'avais aussi l'option de partir à l'étranger pour un stage d'équitation, je voulais tellement y aller, les chevaux me rappelaient les doux moments que j'avais pu passer avec Christine… Mais Samantha, ma sœur, a refusé de fournir mon passeport. Pourquoi ? Je ne le saurai jamais vraiment. Peut-être avait-elle peur de me voir partir loin d'elle, ou peut-être voulait-elle simplement continuer à m'enchaîner. Pourtant, malgré cet obstacle, je me préparais à ce voyage comme à une échappatoire vitale, ce serait la Corse.

C'est alors que Tonnerre a appris que je partais. La nouvelle l'a rendu fou. Il m'a inondée de messages accusateurs, hurlant que j'allais profiter de ce séjour pour « coucher avec des mecs ». Son harcèlement atteignait des sommets de violence. Il ne voulait pas que je parte. « Tu vas dormir dans une tente avec des hommes ! Tu te rends compte de ce que tu fais ? », criait-il au téléphone. Chaque mot était un coup. Je savais que j'étais prise au piège de son emprise, mais je n'arrivais pas à m'en défaire. Et puis, il a trouvé un nouvel angle pour m'empêcher de partir. Il m'a ordonné d'écrire une lettre au juge, une lettre dans laquelle je devais dire que ni lui ni son frère n'avaient jamais rien fait contre moi, que j'avais tout inventé de toutes pièces. « Si tu ne fais pas ça, je vais te pourrir tes vacances. Tu ne seras jamais tranquille, même en Corse », menaçait-il. Sa voix résonnait dans ma tête comme un marteau-piqueur. J'ai cédé. J'ai pris un stylo et, sous son regard, j'ai écrit cette lettre mensongère.

Je l'ai écrite dans une voiture, tandis qu'il surveillait chacun de mes mots. Mais je n'ai pas pu aller jusqu'au bout. Je me suis arrêtée, incapable de continuer. « Tu vois ? T'es incapable de faire ce que je te demande. T'es une incapable ! », hurlait-il. Il a arraché la feuille de mes mains et a terminé la lettre lui-même. Plus tard, il l'a remise au juge, mais je savais bien que cette mascarade ne mènerait à rien. Tout ce qu'il voulait, c'était me maintenir sous son contrôle.

Malgré tout, il a fini par m'autoriser à partir. Ce n'était pas une victoire. Ce n'était qu'une autre forme de manipulation, un moyen de me faire croire que j'avais gagné, alors qu'en réalité, il tirait toujours les ficelles.

Lorsque le foyer m'a déposée pour le départ, j'ai bloqué son numéro de partout. J'avais besoin de respirer, de me retrouver. En Corse, j'ai vécu des moments de paix relative, mais son ombre planait toujours sur moi. Il m'envoyait des messages incessants, trouvant toujours un moyen de contourner mes blocages. Il utilisait des numéros inconnus, des faux profils. Même à des centaines de kilomètres, je sentais sa présence comme un poids sur ma poitrine.

Après ces quelques semaines d'évasion, je suis rentrée à Paris. Je pensais avoir tourné une page, mais j'ai été immédiatement envoyée dans un foyer d'urgence pour jeunes travailleurs à Nation car Sainte-Croix était encore fermé. Là-bas, j'ai retrouvé Nina, une amie, mais le répit a été de courte durée. Tonnerre est revenu. Il semblait plus déterminé que jamais à me contrôler. Cette fois, il n'était pas violent physiquement, mais les insultes pleuvaient chaque jour. « T'es une grosse pute. Même ta mère ne voulait pas de toi. » Chaque mot était un couteau planté dans mon âme.

À cette période, il ne se nourrissait presque pas, et je me sentais obligée de lui apporter de la nourriture du foyer. C'était inconcevable pour moi de le laisser mourir de faim, même après tout ce qu'il m'avait fait. Je me disais que, peut-être, ma présence pourrait l'aider à changer.

Au bout d'une semaine, nous avons dû quitter ce foyer à cause d'une infestation de punaises de lit. Nous avons passé plusieurs nuits à dormir dans la voiture de Tonnerre, serrés dans cet espace exigu, sans intimité, sans espoir. Je m'enfonçais de plus en plus dans cette spirale infernale, où le peu d'amour qu'il me donnait semblait suffire à compenser toutes les horreurs qu'il m'infligeait.

Il répétait sans cesse : « Moi, j'ai le droit de te faire du mal, mais personne d'autre n'a ce droit. Toi et moi, c'est pour la vie, jusqu'à ce que l'un de nous meure. » Ces mots résonnaient comme une condamnation. J'étais son otage, émotionnellement et physiquement.

Les éducateurs du foyer connaissaient son adresse, mais jamais ils n'ont envoyé la police ou essayé de m'aider. Tout ce qu'ils faisaient, c'était rédiger des rapports, me qualifiant de fugueuse, comme si tout cela était ma faute. Je me sentais abandonnée par le système, trahie par ceux qui étaient censés me protéger.

Mes amis ? Je n'en avais plus. Tonnerre les avait tous éloignés, soit en les frappant, soit en les intimidant. Un jour, l'un d'eux a menacé d'appeler la police. Tonnerre l'a massacré avec un casque de moto. Après ça, plus personne n'osait s'approcher de moi.

Je m'accrochais à cette idée folle que mon amour pourrait le sauver. Je croyais que si je l'aimais assez fort, si je lui montrais assez de patience, il changerait. Mais il ne changeait pas. Chaque jour, il me détruisait un peu plus, et chaque jour, je m'accrochais un peu plus à l'idée que c'était moi qui faisais mal les choses. S'il me battait, c'était parce que j'étais nulle, parce que je ne savais pas l'aimer comme il en avait besoin.

Puis est venu le soir de l'hôtel. Ce soir où j'ai cru que ma vie allait basculer à jamais. Samuel, mon meilleur ami, avait décidé de m'aider. Il m'a proposé de m'évader, juste pour une soirée, passer une nuit à l'hôtel, juste pour dormir, juste pour respirer. Il n'y avait absolument aucune ambiguïté entre nous, notre relation était fraternelle, très forte. Nous avons éteint nos téléphones pour ne pas nous faire repérer par Tonnerre, nous avons fait des dizaines de changements de lignes de métro et nous sommes retrouvés dans une chambre discrète. Nous avons commandé de la nourriture indienne. C'était la première fois que je goûtais ce genre de cuisine. Pour un instant, je me suis sentie presque normale, presque humaine. Jusqu'à ce que quelqu'un frappe à la porte violemment. Une fois. Puis deux. Mais il n'y avait personne. Nous avons prévenu la réception qui ne savait pas quoi nous répondre. Nous sommes alors descendus pour rejoindre le livreur de notre repas et sommes remontés dans la chambre, innocents et heureux de ce moment privilégié. C'est alors qu'en un éclair Tonnerre est sorti de la salle de bains. Il nous avait retrouvés. Il s'est jeté sur nous, a pris nos téléphones, riant de notre peur. Samuel a paniqué, prêt à sauter par la fenêtre. Moi, je suppliais Tonnerre de partir. « Tu te ridiculises, laisse-la tranquille », disait Samuel. Mais Tonnerre riait. Il était fier de son coup, fier de nous avoir piégés. Finalement, il a quitté la chambre, nous jetant les clés avec un sourire narquois. Mais le mal était fait. J'étais brisée, encore une fois. Et cette fois, il n'y avait même pas eu de coups. Juste sa présence, son ombre, suffisait à tout détruire. Quand j'ai porté plainte contre lui et contre l'hôtel, il n'y a eu aucune suite. La police a mis mon téléphone sur écoute pour « les besoins de l'enquête », mais je ne l'ai jamais récupéré et ils ne m'ont pas davantage protégée. C'était mon seul plaisir, mon seul lien avec le monde extérieur. Une fois de plus, j'étais seule, face à l'abîme.

Même après cet épisode, je ne pouvais pas totalement couper les liens avec lui. Il avait un pouvoir sur moi que je ne comprenais pas. Je me détestais pour cela, mais je ne savais pas comment m'en libérer.

Aujourd'hui encore, je me demande pourquoi je suis tant de fois retournée vers Tonnerre. Était-ce par peur ? Par loyauté ? Par amour ? Peut-être un peu de tout cela. Mais surtout, je pense que c'était à cause de l'emprise qu'il avait construite patiemment, méthodiquement. Il avait brisé mon esprit, redéfini ma perception de ce que je méritais, de ce que l'amour signifiait.

J'ai mis des années à comprendre que ce n'était pas de ma faute. Que je n'étais pas responsable de ses actes, ni de sa violence. Que je méritais mieux. Mais à cette époque, je n'étais pas capable de voir cela. Tout ce que je voyais, c'était un homme brisé que je pensais pouvoir sauver, et une part de moi qui croyait que c'était mon devoir de le faire.

Ce n'est que plus tard que j'ai compris que pour survivre, je devais me sauver moi-même. Toute seule.

15

17 ANS

24 juillet 2016

« *Le pire anniversaire de ma vie* »

J'étais dans ce foutu foyer depuis ce qui semblait être une éternité. Les journées s'étiraient, interminables, chaque heure, un rappel de ma solitude. Chaque regard, chaque mot échangé avec les éducateurs ou les autres filles n'était qu'un nouveau coup porté à ma dignité. Les éducateurs ne faisaient même plus semblant de s'intéresser à moi. Leur lassitude était palpable. Pour eux, j'étais juste un problème de plus, une tâche dans leur quotidien déjà rempli de misères à gérer. Les autres filles ? Certaines m'ignoraient, d'autres me regardaient avec un mépris glacial, comme si ma seule présence leur donnait envie de me rejeter. Je ne comptais pour personne ou seulement pour quelques filles que, je me doutais bien, je ne reverrais plus dans le futur. Elles pouvaient être des alliées sur le moment, mais ce foyer étant plus transitoire qu'un hall de gare, je savais que nous ferions nos vies dans quelques années et que, malgré une certaine affection parfois, nous allions préférer nous oublier pour tirer un trait sur ces périodes de nos vies.

Mon corps, lui non plus, ne me laissait aucun répit. J'étais si maigre que je ne supportais même plus de me regarder dans un miroir. Mes bras semblaient prêts à se briser au moindre effort. Mes joues creusées témoignaient de nuits blanches passées à pleurer en silence, à m'interroger sur ma place dans ce monde. La maladie de mes reins m'épuisait, me privant d'une énergie déjà fragile. J'avais mal, tout le temps. Pas seulement physiquement, mais aussi émotionnellement. C'était comme si tout ce que j'avais vécu me pesait sur les épaules, m'écrasant un peu plus chaque jour.

Et puis, il y avait lui. Tonnerre. Rien que de penser à son nom, un frisson glacé me parcourait l'échine. Cet homme était comme une ombre, toujours là, toujours prêt à m'écraser. Il ne me laissait aucune chance de respirer, de m'échapper. Il empoisonnait tout. Les quelques contrats que je réussissais à décrocher étaient constamment menacés par sa jalousie maladive. Il faisait des scènes, provoquait des malaises, détruisait tout espoir de stabilité dans ma vie. Je voulais croire que je pouvais avancer malgré lui, mais il revenait toujours, comme un poison insidieux.

Samantha a eu dix mille fois l'occasion d'être mon refuge. Ma sœur, celle qui aurait dû m'aider, me protéger. Mais elle avait choisi son camp, et ce n'était pas le mien. Elle avait littéralement pris Tonnerre sous son aile, lui offrant une place dans sa vie, comme s'il méritait d'être sauvé. Je ne pouvais pas comprendre. Après tout ce qu'il m'avait fait, comment pouvait-elle le regarder autrement que comme un monstre ? Mais non. Elle l'avait soigné, nourri, hébergé.

Je me souviens encore de ce jour où Tonnerre a simulé une tentative de suicide avec des Doliprane ! Un acte ridicule, grotesque. Et pourtant, Samantha l'avait accueilli chez elle comme un martyre. Elle l'a installé dans MON lit d'enfant pour prendre soin de lui. Le lit dans lequel je m'étais réfugiée, petite, quand j'avais peur du monde. Elle lui préparait même les soupes qu'elle me faisait quand j'étais malade. Elle lui donnait tout ce qu'elle ne m'avait jamais offert. Je me sentais effacée, remplacée.

Pourtant, malgré tout, j'avais décidé de célébrer mes 17 ans. J'avais besoin de ce moment, d'un instant pour me rappeler que j'étais vivante, que je méritais un peu de joie. J'avais prévu une soirée avec mes cousines. On allait se préparer ensemble, se maquiller, se coiffer. J'avais choisi une robe qui me faisait me sentir belle, comme si, l'espace d'une nuit, je pouvais oublier ma vie. Je voulais danser, laisser la musique m'emporter, ressentir cette liberté que je n'avais jamais connue.

La danse avait toujours été mon échappatoire. Sur la piste, je pouvais être quelqu'un d'autre. Pas une fille du foyer, pas une victime, mais juste une jeune femme qui voulait vivre. Mes cousines étaient enthousiastes, prêtes à faire de cette soirée un souvenir précieux. J'avais vraiment cru, naïvement, que cette soirée allait marquer un tournant. Que pour une fois, le bonheur était à portée de main.

Mais Tonnerre avait d'autres plans. Il avait insisté pour nous accompagner. Bien sûr, je savais que c'était une mauvaise idée. Mais que pouvais-je faire ? Refuser aurait été pire. Alors, j'ai accepté, espérant qu'il se tiendrait tranquille, juste pour une nuit. Après tout, c'était mon anniversaire. Il aurait pu faire semblant de faire un effort, non ?

Tout semblait bien se passer au début. La musique résonnait, les lumières dansaient autour de nous, et je me sentais enfin légère. Sur la piste, entourée de mes cousines, je souriais, je riais. J'avais oublié, l'espace d'un instant, que Tonnerre était là. Mais je pouvais sentir son regard. Un regard lourd, accusateur.

Chaque fois que je bougeais, que je dansais, je le sentais se rapprocher, comme une menace silencieuse.

Puis, il a explosé. Il m'a attrapée par le bras, ses doigts s'enfonçant dans ma peau. « On s'en va », a-t-il ordonné, de sa voix basse mais glaciale. J'ai voulu protester. C'était mon anniversaire. Je voulais rester, danser encore un peu. Mais son regard m'a fait taire. « Ça va aller ? », m'ont demandé mes cousines, inquiètes. « Oui, ne vous inquiétez pas. » J'ai menti. Je mentais pour les protéger. Si quelqu'un osait intervenir, je savais que ce serait pire. Il s'en prendrait à elles. Il m'a traînée jusqu'à la voiture, et nous avons roulé en silence. Je pensais qu'il m'emmenait quelque part pour parler, ou peut-être pour un dîner. J'avais encore cet espoir stupide qu'il pouvait se racheter, juste pour une nuit. Mais non. Il a conduit jusqu'à un parking désert, quelque part près d'Aubervilliers. L'endroit était sombre, lugubre, comme sorti d'un cauchemar.

« Tu veux jouer à la princesse, hein ? », a-t-il murmuré, un sourire cruel aux lèvres. « Voilà ce que tu mérites. » Avant que je ne comprenne ce qu'il faisait, il était sur moi. J'ai essayé de me débattre, mais il était trop fort. Ma tête heurtait les portières à chaque va-et-vient. Ses mains, son poids, son odeur… Tout en lui me dégoûtait. Là, dans cette voiture froide, il m'a volé ce qui me restait de dignité. Je n'étais plus qu'un corps, un objet. Et il me disait de lui répéter : « je t'aime et donc je souffre pour toi ». J'ai redit ces mots en boucle pour me concentrer sur autre chose que la douleur. Puis il m'a laissée là. Brisée. Je suis restée dans cette voiture, immobile, le regard perdu. Je voulais pleurer, hurler, mais je n'avais plus de force. Je me sentais sale, souillée. Cette sensation ne m'a jamais quittée. Même des années plus tard, je ressens encore ce poids. Chaque douche que je prends aujourd'hui est une tentative désespérée de laver cette saleté, mais rien n'y fait. Elle est en moi, gravée dans ma peau, dans mon âme.

Au foyer, je ne pouvais en parler à personne. Qui aurait compris ? Les éducateurs avaient déjà abandonné l'idée de m'aider. Leurs rapports auprès de l'Aide sociale à l'enfance me mentionnaient comme « une jeune fille sachant se débrouiller, avec des ressources ». Ils n'avaient pourtant aucune idée de ce que je vivais. Il était impossible de se confier là-bas. Si tu paraissais faible, ton sort serait bien pire. Dans ce système, la compassion et la protection n'existent pas. Cela me fait penser à ces séries policières américaines lorsque quelqu'un se fait arrêter et qu'on lui déclame ses droits : « Tout ce que vous direz pourra être retenu contre vous. » Voilà. C'est exactement cela, la vie en foyer.

Je savais que je devais attendre. Attendre ma majorité, attendre de pouvoir fuir. Mais pour ça, il fallait des moyens, et je n'en avais pas.

Je m'accrochais à des textes religieux, cherchant du réconfort dans des mots anciens, mais même cela ne suffisait pas. Tout semblait vide, dénué de sens. Pourtant, quelque part en moi, une petite flamme continuait de brûler. Une flamme de résistance, de survie. Elle me disait de tenir, de ne pas abandonner. Parce que peut-être, un jour, il y aurait quelque chose de mieux.

J'avais raison. J'ai rompu, seule, le fil de l'emprise. La police avait entendu mes plaintes. Tonnerre allait être puni.

16

FOYERS ET JUSTICE : DEUX MONDES DISTINCTS

27 juin 2017, 10 h

Tribunal de Grande Instance de Pontoise, Cabinet d'instruction n° 5

J'avais cette impression de devenir forte. Je luttais chaque jour au foyer pour être respectée et le reste du temps, je poursuivais mes activités à l'extérieur. Je me sentais devenir enfin quelqu'un. Sans famille ni repère, mais quelqu'un quand même.

Ce matin banal au foyer, alors que je traînais en pyjama, assise sur mon lit, une éducatrice que j'affectionnais est venue me chercher. Elle semblait pressée, presque nerveuse. « Nathanya, prépare-toi, vite. Tu dois aller au tribunal, c'est le jour du procès. » Mon cœur s'est arrêté de battre. Comment se faisait-il que je n'aie pas été prévenue avant ? J'avais besoin de me préparer psychologiquement. Tonnerre. Ce nom revenait hanter ma vie comme un spectre. Cet homme qui m'avait séquestrée, brisée, violée.

Je n'avais reçu aucun avertissement, aucune aide pour affronter ce moment et, prévenue à la dernière minute, je n'avais évidemment pas d'avocat. J'étais figée, pétrifiée. L'idée de revoir cet homme me glaçait le sang. Mon esprit s'embrouillait entre peur et colère. Mais je n'avais pas le choix. J'ai enfilé les premiers vêtements que j'ai trouvés, mes mains tremblant si fort que j'avais du mal à fermer mon manteau.

Le trajet en voiture jusqu'au tribunal fut silencieux. L'éducatrice qui m'accompagnait n'arrivait pas à me rassurer malgré toute sa bienveillance. J'avais l'impression d'être un colis qu'on déplaçait d'un endroit à un autre. Quand nous sommes arrivées devant le grand bâtiment austère du tribunal, mon état d'angoisse a atteint son paroxysme. Les murs gris, les marches imposantes, tout semblait accentuer ma vulnérabilité. J'ai respiré profondément et je suis entrée.

L'intérieur du tribunal était froid, impersonnel. Le bruit des pas résonnait dans les couloirs, et chaque son me faisait sursauter. En franchissant les portes de la salle d'audience, j'ai découvert un spectacle qui m'a coupé le souffle. La mère de Tonnerre était là, deux de ses frères et Samantha. Ensemble, pour soutenir mon agresseur. Oui, pour « soutenir » Tonnerre. Ma sœur sortait avec son frère à cette époque. La trahison. De bout en bout. La pire qu'il soit. C'était comme un coup de poignard dans le cœur. Samantha, mon propre sang, celle qui aurait dû me protéger, prenait le parti de l'homme qui m'avait détruite. Et devant le juge, elle a osé s'asseoir près de moi. Mon estomac s'est retourné.

Une forte nausée m'a prise, je sentais les larmes monter, mais je refusais de pleurer devant eux. Je n'arrivais pas à comprendre comment elle pouvait être là, souriante, à discuter avec cet homme comme s'il n'avait rien fait.

C'est quand il est entré dans la salle d'audience que j'ai failli perdre mes moyens. Tonnerre. Cet homme qui avait marqué ma vie de manière indélébile. Il avançait jusqu'à sa place avec une froideur presque inhumaine. Je me suis raidie instantanément. Le simple fait de le voir me replongeait dans ce cauchemar. Il semblait si calme, si indifférent. J'aurais voulu hurler, le frapper, mais mes pieds restaient cloués au sol. Je sentais mon cœur battre à un rythme effréné, ma gorge se nouait. La peur s'emparait de tout mon être.

J'ai pris place, à l'opposé de Samantha et de son père, celui que moi-même j'appelais papa il n'y a encore pas si longtemps. Je ne voulais pas croiser leurs regards, ni celui de Tonnerre. Pourtant, je pouvais sentir leurs présences comme un poids oppressant. J'étais là, seule, face à eux, avec ma douleur en étendard.

Quand l'audience a commencé, j'ai été soulagée de constater que le juge semblait être un homme droit, respectueux, et surtout bienveillant. Il a aussitôt remis Samantha à sa place lorsqu'elle a tenté de défendre Tonnerre. « Madame, vous n'êtes pas ici pour déformer les faits ou justifier l'injustifiable », avait-il dit d'une voix ferme. Chaque fois qu'elle ou le frère de Tonnerre essayaient d'intervenir pour minimiser les actes de l'accusé, il les recadrait avec autorité.

Puis est venu mon tour de témoigner, je sentais mes jambes flageoler sous mon poids plume. Parler devant cette salle, sous les regards pesants de Samantha, de son père, et surtout de cette ordure, était une épreuve insoutenable. Mais le juge m'encourageait doucement, me laissant le temps de m'exprimer. Chaque mot était une douleur arrachée de mon âme, mais je continuais, parce que je devais le faire, pour moi.

Tonnerre, lui, restait impassible. Il ne montrait aucun signe de regret, de culpabilité, aucune émotion. C'était comme s'il n'était même pas concerné par ce qui se jouait dans cette salle.

À la fin de cette audience qui me paraissait interminable, le verdict est tombé : Tonnerre était condamné à huit mois de prison. Huit mois. Même pas un mois pour chaque jour de séquestration. C'était si peu par rapport à tout ce qu'il m'avait fait. Si peu par rapport à tous ces coups, ces humiliations en chaîne. Pourtant, j'ai ressenti un certain soulagement. Au moins, il allait payer, même si cette peine me semblait dérisoire.

Ce que je ne savais pas, c'est qu'il avait également été condamné à me verser des dommages et intérêts. Une somme qui aurait dû m'aider à commencer à me reconstruire après ma majorité. Mais cet argent, je n'en ai jamais vu la couleur. Il a été directement versé à mon tuteur au foyer, et personne ne m'en a avisée à l'époque. Ce n'est qu'en 2024, en lisant mon dossier d'Aide sociale à l'enfance que j'ai découvert la vérité. Encore une injustice, une de plus, dans ce système qui m'avait constamment abandonnée.

De retour au foyer, je me sentais vidée, comme si une partie de moi était restée dans cette salle d'audience. Les images du procès tournaient en boucle dans ma tête : le visage de Tonnerre, le sourire odieux de Samantha, les mots du juge. Chaque détail me hantait, m'empêchant de trouver le repos.

Toutefois, je refusais de sombrer. Je me suis jetée à corps perdu dans mes projets, cherchant à échapper à cette réalité oppressante. Je continuais à participer à des castings, des formations de maquillage, et à travailler sur mes rêves de mannequinat. C'est à cette époque que je me suis rapprochée de Lucie, une fille lumineuse et pleine d'espoir. Ensemble, nous formions une équipe. Elle m'aidait à tenir bon, et je retrouvais peu à peu le goût de sourire. Nous avions les mêmes centres d'intérêt et pouvions nous soutenir au foyer quand nous rentrions maquillées et qu'on se faisait traiter de putes par les éducateurs.

Au foyer, je restais en retrait. Je voyais les dérives qui s'y déroulaient, cela en devenait presque normal, en tout cas, c'était le quotidien : des filles qui sortaient la nuit pour vendre leur corps, ou qui faisaient venir des hommes dans leurs chambres. Mais je me concentrais sur ma propre reconstruction. Je ne voulais pas attirer l'attention, je ne voulais pas de problèmes. Je vivais discrètement, n'utilisant le foyer que comme un endroit pour dormir. Je me servais des moyens du bord pour vivre correctement. Je coupais en deux des bouteilles en plastique afin de fabriquer des pots pour mes pinceaux et accessoires de maquillage. Je faisais même des « stories » sur les réseaux pour montrer ce qu'était le « système D » en foyer.

J'avais au moins cette chance : mes journées étaient bien remplies. Entre les castings, les séances photo, et les formations, je commençais à me bâtir une nouvelle vie. Chaque petit succès me donnait l'impression de reprendre le contrôle, de me retrouver. Je commençais à me faire un peu d'argent, pas beaucoup mais certaines marques pour qui je posais me payaient en vêtements ou en produits et je trouvais cela vraiment cool à l'époque. J'invitais parfois quelques filles dans ma chambre le soir et je prenais plaisir à leur faire des maquillages de princesse pour qu'elles se sentent exceptionnelles au moins quelques minutes. C'étaient nos petits moments de bonheur dans le tourbillon qu'était notre vie. J'avais ce sentiment de leur faire oublier leurs problèmes, de leur faire du bien d'être une vraie sœur, celle que j'aurais aimé avoir.

Je continuais à avancer, à me reconstruire. Mais quelque chose en moi restait sur ses gardes, prête à affronter la prochaine tempête qui, je le savais, finirait par arriver.

17

LA LIBÉRATION... LE REJET... LA FUITE

23 juillet 2017

Demain, c'est mon anniversaire. J'aurai 18 ans. Et plus de toit.

Quand Tonnerre a été emprisonné, j'ai enfin cru pouvoir respirer. C'était comme si, après des années à suffoquer sous une chape de plomb, quelqu'un avait ouvert une fenêtre. L'air était encore lourd, mais je pouvais entrevoir la possibilité d'un avenir sans lui. Il n'était plus là pour contrôler mes moindres faits et gestes, pour me harceler, pour détruire le peu de paix que je tentais de reconstruire. C'était une fausse liberté. Depuis sa prison, il continuait à m'écrire, des messages pleins de reproches, de manipulations. Même enfermé, il trouvait le moyen de me hanter. Comment pouvait-il avoir un téléphone en prison ? J'apprendrais plus tard que Samantha lui fournissait les mandats pour s'acheter ce qu'il souhaitait. Mais pour la première fois, ses mots n'avaient plus de pouvoir sur moi. Je les ignorais, comme un dernier lien que je refusais de reconnaître.

Je voulais croire que c'était le début de quelque chose de nouveau, un moment où je pourrais enfin rêver. Mais les rêves ne naissent pas dans le chaos, et ma vie, malgré tout, restait une lutte constante.

Trois mois avant mes 18 ans, alors que j'essayais timidement de me projeter dans un avenir, tout s'est écroulé à nouveau. Une éducatrice est entrée dans ma chambre, son visage impassible comme celui d'un fonctionnaire qui remplit sa journée. « Nathanya, tu vas avoir 18 ans. L'Aide sociale à l'enfance ne te suivra plus. Tu dois quitter le foyer. Tu as trois mois pour te créer un projet de vie et rassembler tes affaires. »

Je suis restée figée, incapable de répondre. Ces mots me sont tombés dessus comme un couperet. « Quitter le foyer ? », ai-je murmuré, espérant un malentendu. Mais elle n'a même pas pris la peine de répondre. Elle a continué : « Tu es débrouillarde. Tu n'as plus besoin de nous. » Puis elle est partie, comme si elle venait de me communiquer une information banale.

Débrouillarde. Ce mot m'a brûlé comme une gifle. Oui, j'avais appris à survivre. Mais être débrouillarde, ce n'est pas être prête. J'étais encore une enfant, et ils me jetaient dehors, seule, sans plan, sans filet de sécurité. Je me sentais abandonnée une fois de plus, comme si ma vie n'avait jamais eu d'importance.

Cette dernière nuit au foyer, je n'ai pas dormi. Je ne pouvais pas. J'avais moins de vingt-quatre heures pour m'inventer une vie. Mon esprit était un tourbillon de pensées : où irais-je ? Comment allais-je survivre ? Mon lit, si inconfortable d'habitude, semblait soudain être un luxe que je ne pouvais plus me permettre. Je regardais les murs, les coins sombres de ma petite chambre. Tout y était impersonnel, marqué par les passages de dizaines de filles avant moi, mais c'était devenu mon espace. Pour une fois, c'était un endroit où je pouvais fermer la porte et m'isoler. Mais même ça, je devais le laisser derrière.

J'ai commencé à faire ma valise, rassemblant mes quelques affaires. Mes vêtements étaient usés, à peine dignes d'être gardés. Je pliais tout méthodiquement, comme si donner un semblant d'ordre à mes affaires pourrait apporter un peu de calme à mon chaos intérieur. Mais chaque fois que je posais quelque chose dans ma valise, un poids s'ajoutait à ma poitrine. Où allais-je mettre tout ça ? Où allais-je dormir demain ?

Les adieux étaient encore plus douloureux. Les quelques filles avec qui j'avais tissé des liens m'ont regardée avec une pitié mêlée de résignation. L'une d'elles m'a dit : « Bonne chance. » Mais même dans sa voix, je sentais qu'elle n'y croyait pas.

Et voilà, le matin de mes 18 ans, je suis partie. Pas de discours, pas de mots d'encouragement, pas de regard bienveillant pour m'accompagner. J'ai quitté le foyer avec une valise à la main et une boule au ventre. Ils ne m'ont même pas donné les rapports écrits sur moi. Toute ma vie, tous ces documents accumulés par l'Aide sociale à l'enfance étaient restés là, enfermés dans des dossiers poussiéreux que je ne verrais jamais. J'étais partie comme j'étais arrivée : seule, anonyme, invisible.

Dans un train pour Sanary-sur-Mer, j'ai regardé le paysage défiler. Pourquoi Sanary ? Je ne savais pas vraiment. J'avais besoin de soleil, de chaleur et de nature. Peut-être que j'avais besoin d'un endroit où personne ne me trouverait, où je pourrais enfin être en paix.

Quand je suis arrivée dans le Sud, j'avais l'impression d'entrer dans un tableau. Le soleil, la mer, les maisons colorées… Tout semblait si loin de ma réalité. Avec le peu d'argent que j'avais, j'ai réussi à louer une chambre de bonne. Minuscule, insalubre, infestée de rats. Chaque nuit, je les entendais gratter, courir, parfois même dans mes affaires. Une odeur âcre de moisissure imprégnait les murs, me rappelant que même ici, même loin du foyer, je ne pouvais pas échapper à la précarité.

Mais c'était **chez moi**. Pour la première fois, j'avais un espace qui m'appartenait. Je pouvais y pleurer sans être jugée, y rêver sans être interrompue. Les rats, la moisissure, tout ça était supportable parce que j'étais libre. Et cette liberté, aussi minuscule soit-elle, était précieuse.

L'argent manquait cruellement. Je n'avais pas les moyens de faire des courses. La plupart du temps, je mangeais un morceau de pain, une boîte de conserve bon marché, ou rien du tout. La faim m'était devenue familière. Elle me rappelait que j'étais encore en vie.

Avec le peu de matériel que j'avais, je me suis lancée dans la photographie et les réseaux sociaux. Je postais des photos, des contenus, espérant attirer l'attention d'agences ou de marques. Petit à petit, ça a commencé à marcher. Des photographes me contactaient, des petites opportunités apparaissaient. Ce n'était pas grand-chose, mais c'était un début.

Quelques semaines plus tard, j'ai réussi à quitter ma chambre insalubre pour un petit Airbnb. C'était modeste, mais propre. La lumière du soleil y entrait librement, et chaque matin, je pouvais ouvrir une fenêtre et respirer l'air marin. C'était un luxe que je n'avais jamais connu. Cet espace, aussi petit soit-il, était un sanctuaire. Je m'y sentais en sécurité, pour la première fois depuis des années.

L'avenir était incertain mais pour une fois, il m'appartenait. Je n'avais donné mon adresse à personne. Je voulais rester invisible, inatteignable. Pas de famille, pas de Tonnerre, pas de souvenirs du foyer. Juste moi. La solitude était pesante, étouffante parfois, mais elle était nécessaire. Le prix de ma liberté.

Chaque jour, je me battais pour construire un futur. Je postais des photos, je répondais à des castings, je rêvais d'un jour où je pourrais enfin m'éloigner complètement de tout ce qui m'avait brisée. Mais même dans ces moments d'espoir, les souvenirs restaient là, tapis dans l'ombre. Les cris, les insultes, les coups, tout cela me hantait encore. Je me réveillais en sursaut la nuit, terrifiée par des cauchemars que je ne pouvais pas oublier.

Sanary-sur-Mer n'était peut-être pas un paradis, mais c'était un début. Chaque contrat décroché, chaque opportunité sur les réseaux sociaux était une victoire, une preuve que je pouvais m'en sortir.

À 18 ans, avec si peu, j'avais déjà appris une chose essentielle : ma vie m'appartenait. Et même si le chemin était encore long, j'étais prête à avancer. Pas pour oublier, mais pour devenir enfin la personne que j'avais toujours rêvé d'être. Les foyers, l'enfermement, la violence et les jugements, je commençais à me persuader que tout cela était fini. Mais comme vous l'avez compris, le passé nous rattrape toujours à sa manière. Et j'ai connu le camp de la téléréalité.

18

LES MIRAGES DE LA TÉLÉRÉALITÉ

2019

« Un ange anonyme »

J'avais déjà reçu un message sur Instagram lorsque j'étais au foyer de Sainte-Croix, un peu comme une bouteille jetée à la mer. Une directrice de casting voulait me rencontrer.

Le rendez-vous était fixé à Boulogne-Billancourt. Je savais que c'était pour *Les Anges de la téléréalité*. Tout le monde savait ce que cette émission représentait : la promesse d'un monde glamour, de reconnaissance, peut-être d'un avenir différent. Mais pour moi, ce n'était pas un rêve. C'était une échappatoire, un mirage. Une porte de sortie d'un univers qui me dévorait vivante.

Quand je suis arrivée au bureau, l'un des directeurs de casting m'a accueillie. Il m'a demandé de me présenter en maillot de bain pour les prochaines étapes. Ses mots froids, dénués d'humanité, m'ont instantanément renvoyée à ma vie en foyer. Là aussi, tout était observé, scruté, jugé. Mais cette fois, ce n'était plus seulement mon comportement ou mes choix de vie qui étaient disséqués. C'était mon corps. Ce corps que je haïssais, que je cachais sous des couches de vêtements amples pour qu'on ne puisse pas le voir, pour qu'il cesse d'être une cible.

La rencontre avec les producteurs a été pire. Ils voulaient tout savoir sur ma vie : ma mère décédée, mes années de foyer, mes traumatismes. Ils fouillaient dans mes blessures avec une curiosité morbide, comme s'ils cherchaient à voir jusqu'où ils pouvaient aller avant que je ne craque. Puis, soudain, l'un d'eux a lâché : « Et sinon… Tu te rentres des trucs ? » Cette phrase a explosé dans ma tête comme une bombe. Je l'ai regardé, incrédule. « Il a dit quoi ? », ai-je demandé, en me tournant vers son acolyte. Lui, il riait. Il riait de moi, de ma douleur, de mon humiliation.

La colère a pris le dessus. « Je vais tout casser dans ce bureau si vous continuez à me manquer de respect ! », ai-je crié. Mais ma rage, si légitime, était traitée comme un caprice. On m'a fait passer pour la fautive, pour l'hystérique. Ils ont présenté des excuses, mais je savais qu'ils ne les pensaient pas. Ils avaient testé mes limites. J'avais évidemment refusé de donner suite. Puis au fil du temps, j'avais quitté le foyer, j'avais recommencé une nouvelle vie dans le sud de la France, la mienne, et je voyais en ce type d'émission un moyen de revenir à Paris. J'étais prête à grandir, j'étais une adulte et je me sentais plus forte que jamais.

Alors, j'ai signé pour participer à une saison des *Anges anonymes*. Cet épisode de casting n'était plus qu'un mauvais souvenir, je n'étais plus la même à présent, je pensais sincèrement que l'on me traiterait avec le respect que je méritais dorénavant. J'avais besoin d'échapper au souvenir du foyer, à cette vie où je n'étais qu'une ombre. Je ne savais pas que je me jetais dans une autre prison. Une cage dorée, certes, mais une cage quand même.

Dès mon arrivée à Marrakech, tout m'a semblé faux. Le jet privé, la villa Gan Eden – censée signifier « paradis » – tout cela n'était qu'un décor. Je ne me sentais pas en sécurité. Les premiers jours, les autres candidats semblaient gentils, avenants. Les filles me prenaient sous leur aile, peut-être parce qu'elles s'attendaient à une bimbo superficielle et qu'elles avaient trouvé quelqu'un de discret, de presque effacé. Cette harmonie n'a pas duré.

Quelques jours avant de partir pour le tournage des *Anges anonymes*, je m'étais offert un petit rêve. Une paire de chaussures de luxe, des Zanotti, ornées de strass, brillantes comme des étoiles. Bien sûr, je n'avais pas les moyens de me les offrir neuves. J'avais écumé des boutiques de seconde main, fouillé sur Internet et, finalement, un ami m'avait trouvé cette paire pour une fraction de son prix initial. J'avais économisé des mois pour ça. Ce n'était pas juste des chaussures. C'était une armure. Dans ce monde où chacun me jugeait, où mon passé de foyer me collait à la peau comme une étiquette indélébile, ces Zanotti étaient un symbole. Une manière de dire que, moi aussi, je méritais quelque chose de beau.

Sur le tournage, je les gardais précieusement, attendant le moment parfait pour les porter. Ce moment est venu lors d'une soirée en boîte organisée par la production. J'ai enfilé une robe noire en dentelle et mes Zanotti. Pour la première fois depuis longtemps, je me sentais belle. Pas juste jolie ou acceptable, mais vraiment belle. Une beauté qui venait d'un endroit profond, où le courage avait pris la place de l'estime de soi.

Sentiment éphémère. Dès que nous sommes arrivés à la boîte, les regards ont changé. Au début, ils étaient admiratifs, voire envieux. Mais très vite, ils sont devenus suspicieux, agressifs. Un des candidats, Raph, a été le premier à briser le silence.

« Et toi, Nathanya, tes chaussures, c'est grâce à quoi ? La prod ? Ou tu te prostitues ? »

Je l'ai regardée, choquée, mais avant que je ne puisse répondre, un autre candidat a enchaîné : « Ah ouais, c'est clair. Une fille qui sort d'un foyer, ça ne peut pas se payer ça autrement. » Les autres ont ri. Et moi, j'ai voulu disparaître.

Je suis donc restée dans un coin de la boîte, essayant de me faire petite. Mais le mal était fait. Les rumeurs ont commencé à se répandre comme un incendie. Dès le lendemain matin, tout le monde dans la villa parlait de moi. Les insultes ont commencé à fuser, d'abord à voix basse, puis de plus en plus fort. « Pute », « escroc », « menteuse ». Les mots étaient lâchés sans retenue, comme si mon passé justifiait qu'on puisse m'écraser encore et encore.

Très vite, les tensions sont devenues plus fortes. Raph, ce candidat phare, refusait de me parler. Il me regardait comme si je n'existais pas. Lorsqu'un producteur m'a demandé de lui dire ce que je pensais de lui, il a explosé. « Je m'en bats les couilles de toi, je ne veux pas te parler, je ne te parlerai pas. » Je n'étais rien pour lui. Juste une cible facile.

Le harcèlement s'est intensifié. Des moqueries, des remarques sarcastiques. Puis, c'est devenu violent. « Et toi, Nathanya, c'est combien pour sucer une bite ? », a-t-il lâché un soir, devant tout le monde. Les autres ont ri. Moi, je pleurais. Chaque jour, les insultes pleuvaient : « pute », « sida » disaient-ils en faisant semblant de tousser quand je m'approchais d'eux. Ils ont jeté mes affaires hors de ma chambre, même mon matelas. Une nuit, un énorme pot de palmier a été jeté à côté de mon lit. La terre s'est répandue partout, les morceaux de pot brisé étaient éparpillés autour de moi. J'ai eu peur, une peur animale, viscérale. Mais personne n'a rien dit. Évidemment. Comme les services sociaux quand j'étais dans ma famille ou en foyer.

Quand je suis rentrée à Sanary, je pensais que le cauchemar était fini. Mais les réseaux sociaux ont pris le relais. Les insultes continuaient, cette fois derrière des écrans. On me traitait de menteuse, de manipulatrice. Mais ce qui me blessait le plus, c'était la solitude. J'avais quitté une prison pour une autre, et maintenant, je n'avais plus rien. Plus d'amis, plus de soutien, plus d'espoir.

La téléréalité m'aura au moins permis d'atteindre un de mes objectifs. J'ai enfin pu revenir à Paris. J'ai trouvé un logement. Et je me suis enfermée chez moi, refusant de sortir. Mon appartement parisien est devenu ma nouvelle cage, un lieu où je pouvais pleurer en paix, sans crainte d'être jugée.

19

UN SANCTUAIRE PROFANÉ

Quand je suis revenue à Paris, j'avais une seule idée en tête : m'éloigner de tout ce qui m'avait fait du mal et construire un espace qui serait uniquement le mien. Mon appartement est rapidement devenu ce refuge, ce cocon dont j'avais toujours rêvé. Les murs étaient peints dans des tons pastel, un mélange de rose poudré et de beige doux qui apaisaient mes angoisses dès que je passais la porte. J'avais choisi chaque élément de décoration avec soin, des rideaux en dentelle légère qui laissaient passer la lumière du matin, jusqu'aux coussins moelleux qui jonchaient mon petit canapé. C'était mon château, ma bulle, un lieu qui, pour la première fois, me protégeait.

Les premiers jours, j'ai pris plaisir à transformer cet espace. Une guirlande lumineuse accrochée au-dessus de mon lit, une bibliothèque pleine de livres que je n'avais pas encore lus, et des cadres photo que je remplissais de clichés de paysages ensoleillés. Chaque détail comptait. Après des années d'instabilité, où je n'étais qu'une passagère dans des foyers, des chambres temporaires ou des squats, cet appartement représentait bien plus qu'un simple toit. C'était ma sécurité, mon monde, celui où personne ne pouvait m'atteindre.

Dans ce petit cocon, je me sentais comme une petite princesse protégée. La vie à l'extérieur continuait son tumulte, mais à l'intérieur, tout était doux, calme. Les tons chaleureux des murs et les bougies parfumées qui embaumaient la pièce me donnaient l'impression de flotter dans une bulle de sérénité. Je m'installais souvent sur mon tapis épais, un plaid autour des épaules, pour lire ou travailler sur mes réseaux sociaux. Je n'avais besoin de personne. Mon espace, si modeste soit-il, était mon royaume.

Mais, comme toujours, le passé avait une manière vicieuse de se glisser entre les interstices de ma nouvelle vie. Ma notoriété croissante sur les réseaux sociaux attirait des regards que j'aurais préféré éviter. Les fantômes de ma famille, que je pensais avoir laissés derrière moi, ont trouvé un moyen de revenir.

Jonathan, mon frère, a été le premier à ressurgir. Il m'a appelée, sa voix douce et mielleuse à l'autre bout du fil. « Petite sœur, je suis tellement fier de toi », m'a-t-il dit. Ces mots, je ne les avais jamais entendus venant de lui, pas même dans mes rêves les plus fous. Ils ont brisé une partie de mes défenses, cette carapace que j'avais passé des années à construire. Une part de moi voulait croire à cette réconciliation, à l'idée qu'il pouvait changer. Alors, j'ai accepté de le revoir.

Jonathan a vite infiltré mon quotidien avec une aisance déconcertante. Il voulait s'immiscer dans ma nouvelle vie, rêvait de célébrité autant qu'il rêvait de reconnaissance. Traînant toujours dans le monde de la nuit et du show-biz, il est parvenu à intégrer ce monde que je n'aimais pas. Contre ma volonté. Mais je l'ai laissé faire. J'espérais que, peut-être, cette fois, les choses seraient différentes. Mais Jonathan était toujours le même. Manipulateur, destructeur.

Quand Jonathan m'a proposé de partir à Marbella avec mes cousines, j'ai hésité. Il disait vouloir « se retrouver en famille ». Après tout ce que nous avions traversé, cette promesse semblait presque trop belle pour être vraie. Mais une fois encore, j'ai laissé mon cœur naïf prendre le dessus. Dès mon arrivée, j'ai compris que j'avais commis une erreur. L'appartement qu'il avait loué était un véritable champ de bataille. Des bouteilles vides s'entassaient sur les tables, la musique était si forte qu'on ne pouvait même pas penser, l'air était saturé de l'odeur âcre de la drogue. Jonathan était assis au milieu de ce chaos, hilare, entouré des amis que je lui avais moi-même présentés. J'étais dévastée. Ces gens, ces amis, faisaient partie de la nouvelle vie que je m'efforçais de construire. Et voilà qu'ils étaient aspirés dans la spirale autodestructrice de mon frère.

Mais le pire était à venir. Une nuit, alors que je cherchais Jonathan pour lui demander de calmer les choses, j'ai ouvert la porte d'une pièce et je les ai vus. Mon frère et des hommes inconnus qui fêtaient leur enterrement de vie de garçon. Ils étaient déchirés. Mon frère n'avait pas dormi depuis des jours à cause de la drogue. Ses yeux étaient gorgés de sang. Il enchaînait les prises de 2C-B, un mélange de drogues dures hallucinogènes et stimulantes. Il s'est approché de moi, m'en a mis de force dans le nez. J'étais tétanisée. Puis il m'a demandé de me laisser draguer par tous ces hommes dans le but de leur soutirer de l'argent. Je ne croyais pas ce que je voyais et je commençais à me sentir mal.

Je suis sortie précipitamment, laissant derrière moi cette scène de débauche, et j'ai erré dans les rues de Marbella, je courrais avec mes proches et mes cousines sous les bras. Je me sentais seule, brisée, responsable de plusieurs vies en cherchant un endroit où il ne nous trouverait plus jamais. Je savais que si Jonathan me retrouvait, sa colère serait terrible car j'avais vu ce que je ne devais pas voir. Mais à cet instant, je ne pensais qu'à deux choses : fuir et les protéger. Cette fois, j'avais réussi. J'ai sauvé ma peau et celle des gens que j'aimais. Mais l'enfer était de retour dans mon monde.

Samantha, ma sœur, a aussi trouvé le moyen de revenir dans ma vie. Elle m'a contactée, m'envoyant des photos de son corps couvert de bleus. Tonnerre, cet homme qui nous avait toutes détruites, l'avait encore frappée, cette fois à l'étranger. « J'ai besoin de toi », m'a-t-elle écrit. Et comme toujours, j'ai cédé. Mon cœur, trop attaché à cette idée de famille, m'a poussée à l'aider.

De retour à Paris, je lui ai proposé de travailler avec moi pour qu'elle saisisse l'opportunité d'une nouvelle vie comme j'avais pu le faire. Après tout, peut-être qu'elle avait été extrêmement malheureuse, choquée par son enfance elle aussi. Et mes valeurs ont toujours consisté à donner de nouvelles chances aux personnes en perdition. Elle disait vouloir m'aider avec la société que je venais de créer et qui marchait plutôt bien, elle semblait avoir envie de me soutenir. J'ai voulu y croire. Une fois encore, ma naïveté m'a coûté cher. Samantha a volé ma société, détourné des fonds, et m'a laissée avec les ruines de ce que j'avais essayé de construire. C'était la trahison de trop.

Aujourd'hui, tout cela est terminé. Jonathan, Samantha, Tonnerre – je ne veux plus entendre parler d'eux. J'ai compris que ma famille était une chaîne qui m'empêchait de respirer. Ils me faisaient ce qu'ils avaient fait à ma mère. Mon appartement parisien est alors devenu mon sanctuaire. Je m'y suis enfermée. La plupart du temps assise sur mon canapé, une tasse de thé entre les mains, à écouter la ville bruisser à travers les fenêtres. Les Klaxons, les conversations, les pas rapides des passants – tout cela me rappelait que le monde continuait de tourner, peu importent mes blessures. Mais ici, dans cet espace qui était uniquement le mien, je pouvais respirer. Je pouvais rêver. Et pour la première fois, ces rêves ne dépendaient de personne d'autre que moi.

Ma solitude, autrefois si lourde, est devenue une amie. Elle me protège, me permet de guérir. Et même si les cicatrices de mon passé sont encore là, je sais qu'elles ne me définissent pas. Ce cocon est mon point de départ, le lieu où je commence enfin à vivre pour moi. Et pourtant… Au fond de moi… Il manque quelque chose. Un père peut-être ?

20

ENFIN UN RENOUVEAU ?

Je savais que l'écriture de ce livre allait me bousculer, puiser au plus profond de moi-même, qui j'étais en affrontant mon passé… Mais j'étais loin de me douter qu'il changerait également mon futur.

Dans mon souci du détail, j'ai voulu absolument me reconnecter sur le site de MyHeritage pour réécrire exactement mes origines ethniques, pour le bien du livre. J'étais recroquevillée sur ma chaise, ma tasse de café sur ma table en travertin refroidis par la fenêtre que j'ouvre chaque matin. Lorsque j'ai vu le chiffre « un ». Comme ça, évident. J'avais une correspondance bien plus proche.

Je connaissais tous mes cousins germains de ma famille maternelle… Mon cœur s'est accéléré et mon téléphone m'en est tombé dans des mains.

Je ne donnerai que ses initiales : N.R., la vingtaine, cousin germain, ADN partagé : 15,7 %.

C'est beaucoup.

J'ai regardé sur Google.

Il m'a fallu quelques jours avant de réussir à affronter cette nouvelle réalité. Il était tard, j'étais en week-end en Grèce pour décompresser. Je venais de couper avec la totalité de ma famille maternelle, l'écriture du livre me replongeait dans mes pires souvenirs. Et puis, le déclic. J'ai décidé de lui écrire, à ce potentiel cousin germain.

Il m'a répondu presque instantanément. En quelques messages, il m'a parlé de son oncle. Apparemment, je lui ressemblais énormément.

N.R. était dans une situation délicate et ne savait pas comment faire le lien. On m'a tellement dit d'attendre dans ma vie que j'ai perdu la patience. Alors, j'ai un peu accéléré la cadence… À l'ère des réseaux sociaux, trouver quelqu'un est un jeu d'enfant. C'est comme ça que j'ai trouvé le numéro de téléphone de sa mère, ma tante potentielle.

Il était 23 h 46 quand je l'ai appelée.

Elle a su tout de suite qui j'étais… Elle s'est montrée douce, gentille et bienveillante. Son ton m'a rassurée. Pas son discours. Elle m'a dit qu'il faudrait attendre plusieurs mois avant de contacter son frère, mon père potentiel car ce n'était pas le moment. Il traversait une phase compliquée.

C'était trop difficile pour moi. J'ai proposé un compromis. J'étais prête à attendre encore mais seulement quelques semaines. J'ai passé une nuit difficile. Je me réveillais toutes les heures, je n'arrivais plus à manger tellement mon ventre était noué. À 8 h 30, elle m'a écrit. Cet homme voulait me rencontrer.

Je tremblais de tout mon corps. Comme une feuille en pleine tempête.

Quelques minutes plus tard, il m'appelait. Il avait l'air chamboulé. Mais il était formel : il ne connaissait pas ma mère. Elle ne lui disait absolument rien. Nous sommes convenus d'un rendez-vous, autour d'un café, à Porte Maillot une heure après.

J'étais tellement impatiente que je suis arrivée quelques minutes en avance. Les plus longues de toute ma vie. Je regardais chaque personne entrer dans l'établissement. Et il est arrivé, dans sa doudoune rouge, comme le père Noël que je rencontrais pour la première fois.

Nous étions bouleversés tous les deux. Nous nous sommes mis à pleurer. Il n'arrêtait pas de répéter à quel point je ressemblais à l'une de ses filles. Nous sommes restés là deux heures. À pleurer, nous regarder ou plutôt nous scruter. Tout était là. Il restait tout de même une question : ma conception.

J'ai commandé un test de paternité.

Il a commandé un test de fraternité à faire avec sa fille.

J'ai besoin d'écrire ici et maintenant, avant même de dévoiler les résultats, que je suis profondément reconnaissante de la façon dont il a géré cette nouvelle. Mais également de la manière dont tout le reste de sa famille m'a accueillie. Tout le monde a été extrêmement bienveillant envers moi. Si bien que ça m'a fait peur. Je n'avais jamais connu ça. C'était la famille modèle que j'imaginais dans mes carnets d'enfant.

29 octobre 2024. Les résultats tombent. J'ai retrouvé mon père.

Cela fait presque deux mois et j'ai appris à découvrir une famille exceptionnelle. J'ai deux petites sœurs, elles sont si belles. D'une douceur et d'un cœur… J'ai un grand frère aussi. Je l'adore déjà tellement. J'ai la sensation que mon cœur va exploser.

Je le sais, je le sens, maman a demandé à Dieu de m'offrir enfin une famille, douce et aimante. Ils sont ma récompense à toutes ces années de souffrance.

Aujourd'hui enfin, je peux avancer. Découvrir l'amour familial sain.

J'ai encore du mal à réaliser.

Parfois, mes vieux démons viennent chuchoter là, au creux de mon oreille, que rien ne dure. Qu'ils finiront par m'abandonner aussi. Mais chaque moment passé auprès d'eux panse mes blessures passées.

À ce jour, non seulement je réalise un de mes rêves de livrer mon témoignage à l'écrit, mais en plus je réalise le rêve de cette enfant de 8 ans que j'étais, de te retrouver, papa…

J'espère que mon récit résonnera pour tous les enfants oubliés et permettra aussi à ma nouvelle famille de connaître mon histoire.

Si papa si… Si papa si… Si seulement tu voyais ma vie…

Aujourd'hui je t'offre en écrit le récit de ma vie.

21

ET VOUS ?

Voilà. Vous avez mon histoire entre vos mains. La question est : qu'allez-vous en faire ? Peut-être avez-vous eu une enfance douce. Peut-être avez-vous été un petit garçon ou une petite fille choyés. Mais n'avez-vous pas envie de faire quelque chose pour tous ces enfants oubliés ?

Dans mon malheur, j'ai eu de la chance. Oui, parce qu'aujourd'hui je suis une femme forte et indépendante. J'ai réussi à me battre, à m'en sortir. Je n'ai pas nié ma douleur ni cherché à la fuir. Je m'en suis servie pour la transformer en énergie constructive. C'est ce que j'appelle la résilience. Renaître après une petite mort. J'y suis parvenue seule, mais si j'avais été réellement aidée, depuis le suicide de ma mère, j'aurais peut-être eu une vie normale un peu plus tôt. Et certaines filles que j'ai rencontrées au sein des foyers n'ont peut-être jamais trouvé les ressources pour laisser le chaos derrière elles. Comme je l'avais prédit, je n'ai plus de nouvelles de ces jeunes femmes. À part peut-être une ou deux qui sont en prison aujourd'hui.

Lorsque vous croisez des enfants dans la rue, essayez d'imaginer ce qu'ils peuvent vivre chez eux. Peut-être même sont-ils en foyer. Soyez sensible à leurs regards, à leurs attitudes. Ne les laissez plus sur le bas-côté. Si nous ne pouvons pas compter sur les institutions pour les protéger, nous pouvons au moins compter sur notre bienveillance. Une main tendue, ce n'est qu'un geste pour vous, cela peut être salvateur pour eux.

Combien d'enfants et d'adolescents allons-nous encore laisser seuls ? Seuls dans une famille toxique ? Seuls face à des services sociaux sourds ? Livrés à eux-mêmes ? Incapables de faire la différence entre le bien et le mal ?

Combien d'enfants et d'adolescents seront encore un simple paragraphe dans un « rapport circonstancié » de l'Aide sociale à l'enfance ?

Encore combien d'enfants oubliés ?

22
LETTRE À MAMAN

Paris, le 16 décembre 2024

Maman,

Me voici bientôt à la fin de mon récit. Je termine d'écrire les dernières pages de ma vie et comprends que dans quelques jours, cela fera vingt-quatre ans que tu es partie.

Ta douleur a pris trop de place et l'espoir ne pointait pas le bout de son nez. Moi j'ai décidé de combattre même si tout me paraissait noir. Pour moi, pour toi, pour ceux qui en ont besoin.

Mais une partie de moi est morte aussi.

L'insouciance.

Aujourd'hui encore je ne marche jamais les écouteurs dans les deux oreilles par peur qu'on revienne me chercher, qu'on m'attrape par les cheveux et m'enferme à nouveau. J'ai peur du monde, de la foule, les relations humaines m'angoissent profondément car j'ai appris que c'est ceux qui disent t'aimer dont il faut le plus se méfier. J'ai du mal à prendre soin de mon corps, je ne vais jamais chez le médecin, je me laisse envahir par mes émotions jusqu'à parfois m'en faire mal physiquement. Ne pas me nourrir dans la journée ne m'inquiète pas spécialement, c'est une conséquence directe du fait d'avoir manqué. Mon seuil de tolérance a été faussé et cela a été difficile d'apprendre à me valoriser et ne pas me comparer à l'horreur en me disant que même le mal au final… Ce n'était pas si grave.

Je sais que sur les réseaux, j'arbore l'image d'une femme sulfureuse et sûre d'elle. Je suis pourtant brisée par cette apparence, par ce corps qui me renvoie systématiquement à tout ce que je l'ai laissé endurer. Il n'y a pas un jour qui passe sans que, croisant mon reflet, j'y revoie la petite Nathanya, incomprise et perdue face à autant de violence. Et pourtant.

Je me suis sentie tellement seule, tellement de fois, maman si tu savais… À en hurler ma souffrance dans l'oreiller peu réconfortant de la chambre 201. Ou dans la voiture de l'homme qui m'a battue au lieu de m'aimer. J'ai pleuré et j'ai pensé à tout arrêter moi aussi. Mais je ne peux pas répéter ce schéma. J'avais cette volonté de crier au monde qu'on mérite mieux que ça toi et moi. D'où mon nom de personnage public : Nathanya Sonia.

J'ai voulu qu'à travers moi tu vives un peu la célébrité dont tu as secrètement rêvé. Et plus important encore… Ne pas laisser la jalousie et la méchanceté de notre famille nous tuer, nous laisser seules et malheureuses.

Aujourd'hui je sais que je suis plus forte que jamais. Alors tu me diras, à quel prix ? Je te répondrais que ça vaut le coup si ça me permet d'être la voix de ceux qui n'en ont plus. Je veux me battre pour les femmes comme toi, brisées, qu'on n'a pas écoutées, pour les enfants qui n'ont connu que la toxicité pour famille. À travers tout ce que je ne veux plus, j'ai appris ce qu'était l'amour. Le vrai. Je rêve d'être lue par des enfants, même ceux qui sont dans le cœur des adultes, pour leur dire qu'il est possible de connaître autre chose. J'aime à croire que les survivants ont perdu beaucoup mais ont gagné un pouvoir.

Celui d'avoir une sensibilité exacerbée, une résilience à toute épreuve, une intelligence émotionnelle capable de voir, dans le regard d'autrui, la peine que personne n'a su voir dans tes yeux, maman.

Ensemble, pour que ton suicide ne soit pas vain, que tous ces enfants qui se sont battus pour ne pas être un schéma prévisible des résultats de l'Aide sociale à l'enfance, pour eux, oui, nous allons leur montrer que le secret réside en eux-mêmes. Mes cicatrices sont mes armes, mes larmes mon bouclier et ma parole sera leur voix.

Je ne sais pas si un jour le manque que je ressens pour toi maman s'apaisera. Si je cesserai un jour de dire que tu es l'étoile qui brille le plus dans le ciel ou que seuls tes bras peuvent panser toutes les blessures du monde. Je tente de faire le deuil que je ne me suis autorisé que bien trop tard. Je ne porte plus aucune culpabilité concernant ta décision, mais je ne peux pas en dire autant pour les autres. Ma seule volonté, c'est de te rendre fière. De te donner l'intérêt que tu méritais mais que tu n'as jamais eu…

Je continuerai à tout faire pour que je puisse un jour rejoindre les portes du paradis et te retrouver dans une nouvelle vie.

Je t'aime, maman.

23

LETTRE AUX INSTITUTIONS

Madame, Monsieur,

Je m'appelle Nathanya Sion et j'ai été brisée par un cercle familial toxique, par des services sociaux qui n'ont pas su ou pu effectuer leur travail. J'ai découvert les foyers pour mineurs et l'assistance sociale à l'enfance qui sont censés nous protéger. Mais je n'ai ressenti qu'un habitat froid rempli de violence et de désespoir. Cela aurait dû être un véritable refuge pour ceux qui n'en ont plus et pour qui leur foyer devenait un danger.

C'est aujourd'hui avec une immense humilité que je me permets de vous écrire mon vécu mais également celui de plus de 200 000 enfants en France qui souffrent ou ont souffert de profondes lacunes qu'il est urgent de combler.

Je tiens néanmoins à remercier avec une infinie gratitude toutes les personnes engagées dans la protection de l'enfance qui ont su, le temps d'un instant, rendre ces moments de vie moins difficiles.

J'aimerais vous proposer des solutions concrètes pour améliorer les conditions de vie et le bien-être des enfants placés.

Il faudrait impérativement revoir la formation des éducateurs dans les foyers car beaucoup d'entre eux ne sont pas du tout spécialisés, ils n'ont suivi aucune formation. Il faut sélectionner des personnes avec une intelligence émotionnelle, capables de ne pas engendrer davantage de traumatismes chez l'enfant.

Je pense également à des maisons d'apprentissage. Un lieu avant ou après la majorité, entre jeunes, pour apprendre l'autonomie petit à petit : gérer leur budget, se faire à manger et se responsabiliser sans être jetés dans la nature à leur majorité.

Les jeunes ont besoin d'aide psychologique dispensée par des professionnels, ou par exemple des parrainages de bénévoles aider aux démarches financières, à l'administratif, pour un soutien émotionnel, et ce, même après la majorité.

Afin de renforcer la transparence du système, il serait judicieux de créer un organisme indépendant qui pourrait venir juger la qualité des foyers (environnement, personnel, conditions de vie…) et rendre des rapports annuels.

Il faut impérativement lancer des campagnes de sensibilisation afin de montrer au grand public *Les enfants oubliés*. Cela pourra attirer non seulement une possible aide financière, mais avant tout humaine.

Je ne veux pas m'éterniser davantage, je vous remercie déjà de m'avoir lue. J'ai encore plein d'autres idées et je suis sûre qu'en allant directement demander à ces enfants ce dont ils ont besoin, nous arriverons à faire une vraie différence dans la vie de milliers d'enfants.

En espérant que mon message trouvera écho en vous et pour votre engagement en faveur des enfants.

Merci.

Nathanya Sion

REMERCIEMENTS

« *Merci pour les roses, merci pour les épines* »

La gratitude et la reconnaissance sont des valeurs chères à mes yeux. Pardonnez-moi d'avance si mes remerciements peuvent paraître longs, mais ils sont tout aussi importants à mon cœur.

Je tiens tout d'abord à remercier mon compagnon, si doux et patient avec moi. Tu m'as appris à recevoir et à découvrir l'amour. Tu m'aimes, m'élèves et me rends heureuse car, enfin, je me sens en sécurité.

Merci à mes beaux-parents que j'aime incommensurablement. Vous me traitez comme votre fille et vous êtes toujours là pour moi.

Merci à mes proches. Ils se reconnaîtront, car nous formons un petit cercle, mais si essentiel, rempli de personnes qui m'ont réconfortée.

Merci aux bons éducateurs de foyer, qui m'ont permis de me sentir écoutée et appréciée dans des moments si difficiles. Merci à « Monsieur Clé » et à tous ceux qui m'ont entendue et protégée. Merci à cette gardienne de la paix, qui m'a offert la sérénité dont j'avais tant besoin. Merci à Monsieur Bellaiche ; que Dieu apaise votre âme.

Merci à Madame Darmon et sa famille, ainsi qu'à mes copines d'école qui m'ont accueillie à bras ouverts.

Un immense merci à Hugo Publishing, ma maison d'édition, de m'offrir l'opportunité de transformer mes souffrances en délivrance et en voix.

Merci à Florence Pierron, d'une douceur infinie depuis le début. Tu as vu mon âme à travers mon histoire.

Ma gratitude éternelle à celle qui m'a aidée à écrire ce livre : Carole Coatsaliou. Dès le premier instant, tu as su m'offrir ton regard bienveillant et tes bras réconfortants. Je sais combien mon histoire t'a bouleversée, et pourtant, tu as trouvé les mots justes, avec courage et un cœur immense. Merci.

Un merci tout neuf, mais si intense, à ma nouvelle famille : À mon père, qui m'a ouvert les portes de sa vie et de son cœur. À mon grand frère, qui m'a tout de suite considérée comme la petite sœur que je n'avais jamais été. À mes deux petites sœurs, vous êtes déjà les soleils de ma vie.

Je tiens également à remercier ma famille d'origine, ainsi que ceux qui m'ont trahie et blessée. Merci à vous, car vous m'avez fait réaliser à quel point je suis heureuse d'être celle que je suis devenue.

Il n'y a pas de meilleur oreiller qu'une bonne conscience.

Merci à Dieu, qui a été ma lumière dans l'obscurité et m'a permis de ne pas devenir ce que certains me souhaitaient. Merci de m'avoir redonné la foi en quelque chose de beau et de vrai.

Et enfin, merci à vous, qui avez pris le temps de me lire. Aujourd'hui, pour la première fois depuis longtemps, je me sens revivre.

Voici mes années de vie. Je vous les confie, et j'espère que vous en ferez bon usage.

TABLE DES MATIÈRES

Composition et mise en pages
Nord Compo à Villeneuve-d'Ascq